TÉMOIN
DE LA DÉSÉDUCATION NATIONALE

DU MÊME AUTEUR
(chez le même éditeur)

Eo Romam. Promenades dans la Rome antique, 1980
De Rome à la Chine. Sur les routes de la Soie au temps des Césars, 1993 (4e éd. 2014)
Éros romain. Sexe et morale dans l'ancienne Rome, 1997 (éd. poche 1998)
Caton ou le Citoyen, biographie, 2002
Rome, la gloire et la liberté. Aux sources de l'identité européenne, 2008
Au nom du Viking, entretien avec Régis Boyer, 2002
L'Asie au cœur. Voyages en quête d'humanité, 2012

DANS LA COLLECTION « REALIA » :

Les Plaisirs à Rome, 1983 (3e éd. 2005)
La Vie à la campagne dans l'Antiquité romaine, 1985 (2e éd. 2009)
Les Romains et la mode, 2011

DANS LA COLLECTION « GUIDES BELLES LETTRES DES CIVILISATIONS » :

Rome, 1999 (6e éd. 2015)
Les Étrusques, 2004 (2e éd. 2007)
Pompéi et la Campanie antique, 2015

DANS LA COLLECTION « SIGNETS » :

*L'Empire des loisirs. L'*otium *des Romains.*
Précédé d'un entretien avec Georges Vigarello, 2011

DANS LA COLLECTION « CLASSIQUES EN POCHE » :

Introduction, notes et commentaire de
Tite-Live, *Ab Vrbe condita*, I, 1998
Cicéron, *Pro Milone*, 1999
Cicéron, *De senectute*, 2003
Cicéron, *Pro Roscio*, 2009
Cicéron, *Catilinaires*, 2012

JEAN-NOËL ROBERT

TÉMOIN DE LA DÉSÉDUCATION NATIONALE

Paris
Les Belles Lettres
2017

www.lesbelleslettres.com
Retrouvez Les Belles Lettres sur Facebook et Twitter.

ISBN : 978-2-251-44707-0

« Les écoles doivent rester l'asile inviolable où les querelles des hommes ne pénètrent pas. »

JEAN ZAY
(circulaire du 31 décembre 1936)

« Il faudrait bien comprendre que le rôle de l'école est d'apprendre aux enfants ce qu'est le monde, et non pas leur inculquer l'art de vivre. »

HANNAH ARENDT

« On va à l'école pour développer sa raison, pour réfléchir par soi-même, pour développer une pensée autonome. »

ÉLISABETH BADINTER
(1er mars 2015)

Je dédie ce petit livre d'humeur à tous les jeunes que, depuis plus de quarante ans, j'ai eu le grand plaisir d'enseigner et à qui je souhaiterais avoir communiqué le goût de la culture et de l'humain.

Introduction

« P…, quel beau cul ! »

Une de mes collègues, voici quelques années, se trouvait en visite dans un collège d'une zone sensible (pour je ne sais plus quelle raison) et bavardait avec le principal dans le couloir de l'administration quand un élève de sixième qui passait par là ne put retenir cette exclamation flatteuse. Devant l'air ahuri et choqué de la visiteuse, le chef d'établissement s'empressa de la rassurer en lui faisant remarquer qu'elle ne devait point se formaliser d'un langage propre à tous les jeunes de la cité et que, tout compte fait, le propos délivré sur la partie la plus charnue de sa personne relevait de l'éloge. Cet exemple, qui réunit l'impertinence naturelle et sans retenue d'un gamin de 12 ans et la réaction valorisante du directeur du collège, me semble assez révélateur de l'état de dégradation dans lequel se trouve notre école à la fin de l'année 2017.

À titre de comparaison, reportons-nous exactement soixante ans en arrière et relisons un extrait de la lettre qu'Albert Camus, après la réception de son prix Nobel en 1957, rédige à l'attention de M. Germain, son instituteur qui a pressenti son talent et convaincu sa famille de lui faire suivre des études. « Quand j'ai appris la nouvelle, ma première pensée, après ma mère, a été pour vous. Sans vous, sans cette main affectueuse que vous avez tendue au petit enfant pauvre que j'étais, sans votre enseignement, et votre exemple, rien de tout cela ne serait arrivé. » Et il ajoute que l'honneur reçu est pour lui « une occasion pour vous dire ce que vous avez été, et êtes toujours pour moi, et pour vous assurer que vos efforts, votre travail et le cœur généreux que vous y mettiez sont toujours vivants chez un de vos petits écoliers qui, malgré l'âge, n'a pas cessé d'être votre reconnaissant élève. »

Voici un demi-siècle, l'école de Jules Ferry était le lieu de la promotion sociale, et ses maîtres demeuraient souvent dans les cœurs et les esprits comme des femmes et des hommes dévoués qui accomplissaient une mission et répondaient à une vocation plus souvent qu'ils n'exerçaient un métier. Chacun sait que leur train de vie était modeste, et un mot du célèbre Hercule Poirot dans un roman d'Agatha Christie en dit assez sur ce point : « Les petits professeurs qui inculquent le latin aux enfants n'ont pas des fins de mois somptueuses. » Mais peu importait, car le maître inspirait le respect ; il était celui qui transmettait un savoir indispensable pour s'élever au-dessus de la condition souvent difficile dans laquelle vivaient les familles modestes. Aujourd'hui, la situation a changé. L'école est un produit de consommation, les élèves et les parents en sont en quelque sorte les clients, qui, comme chacun sait, sont les rois, et les maîtres ont été ravalés au rang d'employés ou de prestataires de services auxquels le respect n'est pas forcément dû puisqu'ils sont « payés pour ça ».

Le changement des mentalités s'explique aisément par l'évolution de la société, mais aussi par le tourbillon politique qui est né des affres de la seconde guerre mondiale. En réalité, et sans refaire l'histoire de notre système éducatif, il faut retenir une date-clé : 1968. C'est principalement dans les années qui ont suivi qu'une épidémie a commencé à sévir, celle du grand bouleversement. Il n'était plus question de considérer l'école comme un héritage, comme un patrimoine qui formait le socle sur lequel avait pu s'édifier notre

République. Il fallait tout changer. Le temps des réformes profondes et révolutionnaires pour abattre l'ancien monde et construire le nouveau était venu. Malheureusement, avec un peu de recul, on s'aperçoit que ces quarante dernières années ont vu naître puis disparaître au gré des modes pédagogiques un florilège de réformes dont la principale caractéristique fut de se contredire les unes les autres. Le vieux navire de l'école, habitué à tracer sa route au milieu des tempêtes, tanguait soudain sous les coups de boutoir d'une politisation effrénée. L'esprit de liberté et d'égalité voulu depuis Condorcet et Jules Ferry pour faire de l'école le creuset de la formation des hommes et des citoyens se trouvait alors asservi par les réformateurs pour promouvoir leur idéologie politique. En 1977, dans le quotidien *Le Monde*, on pouvait lire le projet pour l'école de la FEN (Fédération de l'Éducation nationale) avec ces mots : « La FEN a fait un choix essentiel : celui d'une société socialiste. » L'école, instrumentalisée par le pouvoir politique, devenait la chambre d'enregistrement de toutes les élucubrations des auteurs des nombreuses réformes qui s'ensuivirent, ceux-là mêmes qui inventeront toutes les méthodes destinées à formater les futurs citoyens, j'ai nommé les pédagogistes. Ces personnages font depuis lors la pluie et le beau temps au ministère de l'Éducation, entraînant, par leur démagogie et sous le couvert de propos hypocrites, le vieux navire vers le fond dans un délire permanent. Mais, avec lui, c'est notre école républicaine qui sombre corps et biens et l'acharnement de ceux dont l'honneur voudrait au contraire qu'ils missent tout en œuvre pour le renflouer est exemplaire. C'est cette époque, ces quarante années de déséducation massive que j'ai vécues de l'intérieur et dont je souhaite témoigner. Je ne cache pas que je veux me tenir hors de toute idéologie politique, mais que j'ai souffert de cette entreprise de démolition, surtout dans l'enseignement secondaire, mais aussi partiellement dans le supérieur (même si je ne désire traiter ici principalement que des enseignements primaire et secondaire parce qu'ils représentent les fondements des études postérieures). Je dirai simplement que je suis issu d'une famille dans laquelle on trouve des enseignants qui sont les héritiers des hussards noirs de la République, des femmes et des hommes profondément attachés à l'école laïque, serviteurs d'un esprit républicain de la trempe de l'instituteur d'Albert Camus ; j'ai été nourri de ce lait-là et j'ai toujours voulu servir cet idéal laïque tout au long de ma carrière de professeur de lettres classiques au lycée (et de latiniste plus spécifiquement à l'université). Pour moi, la politique doit être au service de la cité ; l'école, elle, au service de l'homme et du citoyen. Profiter du chambardement de mai 1968 pour récupérer politiquement l'école au service de doctrines dont l'essoufflement était manifeste ne pouvait que provoquer une crise profonde.

Non, l'école de la République n'était pas archaïque, et l'échec des réformes successives le prouve. Elles furent des erreurs tragiques parce qu'elles n'étaient pas adaptées au service de leur objet. Il s'agit pour moi d'actes volontaires de « décérébration » massive déguisée d'une parure d'égalité qui s'est révélée, avec le temps, un égalitarisme nuisible. Comment s'étonner alors du constat actuel d'une école en crise ? Le dernier ministre de l'Éducation du quinquennat qui vient de s'achever a semblé ahuri au printemps lorsqu'une cinquantaine d'élèves d'un lycée de Seine-Saint-Denis ont entrepris l'attaque spectaculaire de leur établissement, cassant tout, allumant des incendies et allant jusqu'à faire exploser un mortier au premier étage. Ce ministre était-il sincère et ne s'était-il donc jamais aperçu des effets dévastateurs de la politique éducative menée par les piliers du ministère depuis longtemps ?

Certes, l'école va mal. Reprenons rapidement quelques éléments du bilan. En une phrase, les différents classements internationaux nous ont relégués en dessous de la moyenne quand ce n'est pas en fin de classement ; les programmes, après la dernière réforme, notamment au collège, ont subi une cure d'amaigrissement inquiétante au point que la forme (c'est-à-dire la communication) a pris le pas sur le fond (autrement dit le contenu) ; sous l'impulsion d'un égalitarisme stupide, les inégalités se sont accrues ; un quart des élèves qui entrent au collège éprouvent les plus grandes difficultés dans les exercices fondamentaux, et un grand nombre d'entre eux ne savent pas lire ; l'invasion du numérique obère l'exercice de la réflexion en transformant l'école en vaste terrain de jeu ; les méthodes d'enseignement imposées par les pédagogistes empêchent les jeunes de se constituer une base solide de connaissances pour affronter les études supérieures ; les enseignants, de plus en plus déprimés, ne rêvent que d'abandonner leur métier… Comme j'aimerais que ce fût là propos de vieux grincheux ! Mais il ne s'agit en réalité que du résultat de l'observation de ce qui se passe autour de moi et de l'expérience de cette déconfiture voulue et bien orchestrée dont je suis le témoin bien involontaire.

Foin des beaux discours pondus dans un sabir incompréhensible pour le commun des mortels ! Il suffit de regarder les chiffres. Jamais on n'a compté autant de démissions d'enseignants qu'en 2016-2017. À l'école de formation des professeurs, leur nombre croissant inquiète la hiérarchie. Les stagiaires, à peine ont-ils goûté au métier lors de quelques séances pratiques, préfèrent mettre les voiles. Le ministère reconnaît lui-même une augmentation de près de 30 % de démissions supplémentaires chaque année depuis 2015 dans l'enseignement élémentaire. Une enquête réalisée par un syndicat en mars 2017 révèle qu'un professeur sur quatre de l'enseignement public souhaite s'échapper vers le privé où il est encore possible d'enseigner quelque chose à des élèves qui fournissent un peu de travail. Une étude de l'OCDE – le fameux classement PISA – montre que sur soixante-douze pays analysés, nous arrivons avant-derniers en ce qui concerne la discipline parce que les élèves ne se sentent pas concernés et que la démagogie ministérielle a savamment ruiné tous les moyens permettant d'assurer un travail dans le calme à l'école. Déjà en 2011, une grande enquête de l'institut IPSOS montrait que 64 % des Français ne faisaient plus confiance à l'école, et presque autant jugeaient qu'elle ne garantissait pas l'égalité des chances. Le taux de satisfaction du collège atteignait à peine 36 % et celui du lycée plafonnait à 38 % ! Il faut dire que la quasi-totalité des sondés attendait que l'école enseigne les savoirs de base et aide à développer une culture générale. Quelle prétention saugrenue ! Depuis, la situation s'est encore dégradée et l'école qui nourrissait jadis la fierté de la République en fait aujourd'hui la honte.

Quant aux résultats, mieux vaut ne pas trop insister tant ils sont lamentables, surtout si l'on pense que notre école républicaine faisait l'admiration de nombreux pays au cœur du XXe siècle bien au-delà des frontières de l'Europe. On comprend que les autorités préfèrent condamner les méthodes suivies par le classement PISA, dont les chiffres ne lui conviennent pas. En cassant le thermomètre, gageons que le bébé n'aura plus de fièvre. De fait, sans entrer dans les détails, nous sommes globalement un peu en dessous de la moyenne selon les enquêtes menées auprès d'élèves de 15 ans, dont la dernière remonte à 2015. Une autre enquête spécialisée confirme pourtant ces piètres résultats, notamment en ce qui concerne les mathématiques. Dans cette discipline, nous plongeons dans les profondeurs du classement et sommes même capables de fermer fièrement la marche. Les analyses délivrées par les spécialistes laissent la place au bon sens qui n'est, il est vrai, guère l'apanage de nos démagogues ministériels. On y trouve en effet que nos piteux résultats sont la conséquence du renoncement à l'exigence, à l'effort, à l'exercice de la mémoire, à l'ambition qui, tous, tirent les enfants vers le haut. L'aberrant raisonnement de notre Mammouth Suprême consiste à penser qu'en rabaissant le niveau et les exigences, en ravalant l'effort pour le remplacer par une quête du plaisir, l'égalité sera respectée. L'idée paraît logique : pour que tout le monde réussisse la même chose, puisque trop peu en sont capables réellement, il suffit de descendre la barre au niveau des plus faibles. Voilà le type même de la fausse bonne idée. Il en découle la fainéantise et le laxisme. L'hypocrisie consiste à simplement faire croire que la médiocrité s'appelle l'excellence et que les vessies ministérielles ne sont autres que les lanternes du savoir. Le résultat tient en peu de mots : les élèves sont réduits à se satisfaire de l'ignorance, leurs parents sont désorientés et leurs professeurs, désabusés, finissent souvent par laisser tomber. Renoncer à l'excellence constitue en réalité la principale cause de l'accroissement des inégalités. Le nombre d'élèves au lycée a considérablement augmenté, mais le nombre de ceux qui sont capables d'être performants demeure le même. Ce n'est pas en abaissant les exigences au niveau des plus faibles que l'on fera progresser ceux qui sont en difficulté. Un chiffre, par exemple, le démontre et vient contredire tous les beaux discours hypocrites : en quarante ans le nombre de ceux issus de la classe ouvrière qui accèdent aux classes préparatoires a été divisé par trois. Il n'était déjà pas élevé ; c'est dire s'il en reste peu. Autrement dit, l'accroissement des inégalités que dénoncent les analyses de l'OCDE est une conséquence directe de la politique éducative menée depuis plusieurs décennies. Mais, circonstance aggravante, je pense que cet affaiblissement généralisé répond à une volonté politique. Il est bien connu qu'on gouverne mieux des imbéciles (c'est-à-dire des faibles, au sens latin du mot).

Par ailleurs, il serait bon de ne pas charger l'école de tous les péchés du monde. Elle n'est pas un bouc émissaire. Elle essuie une crise grave, c'est certain, mais elle est loin d'en être la seule responsable. Si la crise de l'école provient de son instrumentalisation par le pouvoir politique qui l'empêche d'évoluer dans un sens positif pour remplir sa mission séculaire, il faut dire qu'une grande part de ces maux s'explique par la crise que traverse la société. Et de celle-ci il serait trop facile de tenir l'école pour responsable.

Le bilan est donc sévère et il y aurait quelques raisons à baisser les bras tant la masse des nuages noirs qui s'amoncellent au-dessus de notre école peut décourager. Mais les professeurs sont autant de vaillants capitaines, à la tête de leur classe, qui souquent ferme pour sauver le plus de moussaillons possibles de la tempête. Il est vrai qu'il faut avoir la foi républicaine chevillée au corps pour sauter tous les obstacles que nos démagogues s'ingénient à dresser sur le parcours. En ce qui me concerne, je veux y croire encore et n'ai rien perdu de ma combativité face aux mauvais tours joués par nos pédagogistes d'itérative manière.

C'est pourquoi j'ai voulu, dans ce petit opuscule, à l'heure où je suis dégagé de mes obligations de réserve, dire ma colère et ma réprobation devant l'acharnement des démagogues pour tout le mal qu'ils ont fait à l'école, dire comment, par leur laxisme destructeur, ils ont ruiné les connaissances fondamentales qui permettaient jadis aux enfants de s'élever dans la société, et préciser un peu ce que devraient être les objectifs de l'école pour que les maîtres, respectés par leur hiérarchie et par la société, relèvent la tête et soient fiers d'exercer ce que je veux continuer de croire l'un des plus beaux métiers du monde. Les professeurs sont déprimés alors qu'ils méritent la confiance des citoyens et devraient être porteurs d'une espérance pour tous les enfants de notre République. Diderot ne disait-il pas, en 1775, dans son *Plan d'une université*, qu'« instruire une nation, c'est aussi la civiliser » ?

1

L'Olympe ministériel

Une grande partie du malaise dont souffre notre éducation nationale vient du terrorisme intellectuel qu'exerce notre Panthéon, cloîtré dans un ministère sourd et aveugle sur tous ceux qui ont en charge l'éducation des jeunes esprits sur le terrain. Il en va de ces divinités hautaines comme des dieux du temps d'Épicure : ces derniers avaient en charge la marche du monde mais ne se souciaient pas des pauvres hommes qui l'habitaient. Un fossé, pour ne pas dire un cratère, s'est donc creusé entre ceux qui se considèrent comme les penseurs, et les pauvres exécutants. L'explication de cette dichotomie est assez simple. Elle réside dans la différence qu'on peut noter entre les idéologues et les pragmatiques. Les premiers élaborent de grandes théories censées apporter le bonheur au peuple et mettent tout en œuvre pour leur application sur le terrain sans tenir compte des résultats. Les seconds n'en réfléchissent pas moins, mais ils fondent leurs propres théories sur l'observation du quotidien et sur cette matière oh ! combien difficile à comprendre et à modeler que sont les enfants qui nous sont confiés, puis ils les adaptent avec un objectif de résultat et de progrès. On pourrait croire que les premiers sont de doux rêveurs, ce qui serait déjà quelque peu condamnable, mais il n'en est rien. La politique s'en mêle, dans ce domaine de l'instruction publique où elle devrait le moins avoir affaire. Et le modèle tutélaire, la référence avancée pour faire croire que l'idéologie est au service du peuple, sont ceux d'un régime jadis fort en vogue mais aujourd'hui totalement obsolète et dépassé. C'est ainsi que j'ai pu entendre une de nos égéries ministérielles condamner la méthode syllabique d'apprentissage de la lecture sous le seul motif qu'elle est « bourgeoise » (j'attends encore de savoir ce que la structure des mots de notre langue avait à voir avec les classes sociales...), ou encore le président du Conseil supérieur des programmes défendre les inepties qu'il avait présentées par ce seul mot : « J'assume mon côté gauchiste. »

Il est facile d'en conclure, au vu des résultats variés, mais tous aussi mauvais, des différentes enquêtes nationales et internationales sur l'école en France, que politiquement l'idéologie « gauchiste » n'est certainement pas celle qui a des chances de garantir le succès de nos chères têtes blondes ou brunes. Nos divinités de la rue de Grenelle peuvent se vanter d'avoir réussi l'exploit de réaliser une œuvre de destruction massive tous azimuts, car elles n'ont pas seulement ruiné les contenus de l'enseignement à l'école, au collège et au lycée, elles ont aussi sapé l'autorité des enseignants en réduisant à néant la discipline qui pouvait assurer à ces derniers un travail efficace, elles ont encore sacrifié l'image des professeurs dans la société, notamment en ruinant leur crédit auprès des parents et, par voie de conséquence, auprès de la plupart des jeunes. Du moins en va-t-il ainsi dans l'enseignement public, puisque, quoi qu'on en dise au ministère, tout est fait pour favoriser la prospérité de l'enseignement privé et créer une véritable inégalité dont les enquêtes internationales montrent qu'elle n'a fait que s'accroître.

L'objectif, établi depuis très longtemps et savamment mis en œuvre depuis plus de trente ans, consiste à casser systématiquement tout ce qui avait fait la réussite de notre école. Je ne suis pas en train de jouer les passéistes et de pleurer sur l'école de grand-papa. J'ai passé trop de temps sur le terrain pour ignorer que les jeunes ont beaucoup changé en peu d'années. Partir en guerre, comme l'a fait l'inspection générale, contre les cours magistraux ne représente qu'un combat de Don Quichotte ; il est bien évident qu'il est devenu impossible d'enseigner comme on le faisait jadis. Mais inventer des théories clés en main que tous les jeunes professeurs devraient appliquer dans l'esprit du tout pédagogique et au mépris de la culture et des savoirs est une ânerie dangereuse et coupable. Je sais que nous sommes à l'ère de la communication, que le savoir-faire vaut mieux que le savoir et que, pour nos autorités, prime surtout le faire-savoir, mais tout cela se résume à du vent et, au lieu de remettre en cause les résultats des diverses enquêtes sur la qualité de notre école parce qu'elles ne leur conviennent pas, nos pédagogistes devraient plutôt s'interroger sur l'échec de leurs belles théories. Il n'existe pas une pédagogie, mais des pédagogies qu'il faut savoir choisir, combiner et adapter afin d'offrir à chaque public l'enseignement qui peut lui apporter le plus. Je me souviens ainsi d'un inspecteur, un jour, qui m'a déclaré : « Aucune de vos méthodes d'enseignement n'est vraiment originale, mais ainsi utilisées ensemble, elles sont redoutablement efficaces » (je me demande encore quel sens il fallait donner à l'adverbe « redoutablement » !).

Tous nos beaux penseurs ministériels, sur leur Olympe, sont bien à mes yeux ceux qu'une journaliste a dénommés en titre de son livre « les assassins de l'école ». Ils ont pour caractéristique commune de n'avoir jamais vu un élève ni de près ni de loin, ou alors depuis fort longtemps. Tout à leur objectif de déstructuration, ils se soucient comme d'une guigne de ceux qui sombrent corps et biens, sûrs de détenir une vérité. L'important est de faire croire aux parents que leurs enfants, dans une égalité parfaite, peuvent aller au baccalauréat, après quoi le Mammouth Suprême, tel Ponce Pilate, se lave les mains des désillusions à venir. Ce qui est remarquable, dans cette organisation, c'est que tous ces hommes et ces femmes, en poste depuis plusieurs décennies, confèrent à la politique ministérielle une belle constance quelles que soient la couleur du gouvernement et la compétence du ministre. Lorsque Luc Ferry a été nommé à la tête de ce ministère, il espérait pouvoir en infléchir la ligne idéologique, mais il a reconnu bien vite le faible pouvoir d'un ministre de l'Éducation. Ils sont là, dans la coulisse, ces directeurs de l'enseignement scolaire, ces membres du Conseil des programmes, ces inspecteurs généraux, ces conseillers spéciaux et autres influents penseurs. Ils veulent nous faire croire qu'il existe une science de l'éducation dont ils seraient les pontifes. Tous ces idéologues ont pensé que leurs idées égalitaristes, leurs méthodes pédagogiques farfelues serviraient au progrès des élèves. Devant les résultats, certains (les plus honnêtes ?) reconnaissent qu'ils se sont trompés. Dans les décombres de ce grand chambardement orchestré depuis si longtemps, on reconnaît de-ci de-là les théories sur les compétences qui supplantent le savoir, la défense de la méthode globale pour la lecture, la diminution des heures d'apprentissage du français et de la grammaire, le mépris des professeurs (« On n'a pas forcément besoin d'un enseignant pour apprendre. Les élèves apprennent mieux en se parlant les uns aux autres »), l'importance du « savoir être », la mode de l'interdisciplinarité... Les gourous de la bande sont particulièrement sectaires et refusent d'admettre que certains élèves puissent avoir une culture plus développée que d'autres. Tous doivent être au même niveau. Comme le note un ancien recteur : « On a remplacé une culture élitaire par une culture anti-élitaire qui est franchement élitiste. » Il ne faut pas croire, d'ailleurs, que tous les inspecteurs généraux partagent les théories officielles. J'ai le souvenir de l'un d'eux, rencontré à deux reprises juste avant qu'il prenne sa retraite, puis juste après, et son discours avait changé. Avant, il me délivrait les idées dictées par le pouvoir, après, il me déclarait qu'il allait me parler franchement puisqu'il n'était plus tenu de réciter sa leçon ; le propos était redevenu celui d'un homme pragmatique qui connaissait le métier d'enseignant.

Les membres de cette élite idéologique se reconnaissent entre eux à un jargon ridicule, qui tente de masquer derrière des périphrases alambiquées ou des acronymes l'inanité de leur pensée. Tant et si bien que les parents, les élèves et parfois même les enseignants, s'ils n'ont pas été initiés à ce sabir, sont complètement perdus et se sentent rejetés. On pense à Molière à propos de Trissotin : « On cherche ce qu'il dit après qu'il a parlé / Et je lui crois pour moi le timbre un peu fêlé. » Pour les non-initiés, un petit cours de rattrapage s'impose.

Peut-être en êtes-vous resté au temps où l'on disait qu'un élève devait toujours avoir ses livres et ses crayons, pouvait être appelé à venir au tableau (il ne faut plus dire « tableau noir », d'abord parce qu'il est souvent blanc et que, surtout, le terme serait devenu « raciste » !) avant d'aller se distraire en récréation. Dorénavant, vous direz qu'un apprenant doit toujours se munir de ses supports cognitifs et de ses outils scripteurs, qu'il peut être appelé à rédiger sur une surface scripturale à usages multiples, et qu'il attend avec toujours autant d'impatience l'espace-temps de liberté interstitielle. Les Français ont toujours eu le défaut d'admirer ce qu'ils ne comprennent pas, prêtant à ceux qui les éblouissent de leurs creuses formules une supériorité intellectuelle dont ils sont malheureusement totalement dépourvus. Récemment encore, un document du ministère destiné aux professeurs de sport évoquait les différentes disciplines, comme la natation, qui est devenue un déplacement « en milieu aquatique profond standardisé », ou encore le canoë-kayak, « une activité de déplacement d'un support flottant sur un fluide », ou bien le badminton, « une activité duelle de débat médiée par un volant »... Il serait grand temps que les « géniteurs d'apprenants » se missent au goût du jour. Les enseignants eux-mêmes jonglent sans s'en rendre compte avec des termes qui ne veulent dire grand-chose ni pour les élèves ni pour les parents. Il n'est plus question de temps d'adaptation, mais de temps de remédiation ; les rédactions sont devenues « des productions écrites », et les adultes qui peuvent vous aider à y voir clair sont des « référents ». Dès l'école maternelle, on nous explique l'importance de la conscience phonologique, prérequis indispensable pour suivre une première année de primaire. Cela veut simplement dire qu'il faut apprendre aux enfants à bien différencier les sons et les syllabes si utiles pour la lecture. À l'école élémentaire, il faut pratiquer une « vigilance orthographique » et « maîtriser le geste graphomoteur et automatiser progressivement le tracé normé des lettres », c'est-à-dire apprendre à écrire ; mais à le dire ainsi, la chose paraît tellement banale (quoique, aujourd'hui...) alors qu'un jargon périphrastique et ampoulé convient tellement mieux à ce que nos pédagogistes veulent nous faire passer pour « une science ».

Je ne résiste pas au plaisir de me remémorer la seule conférence pédagogique à laquelle j'ai assisté à la sortie du concours. En fait, trois conférences avaient été programmées, mais je suis parti avant la fin de la première en me jurant que plus jamais je ne remettrais les pieds dans des réunions où l'on nous aveuglait par des tissus d'âneries. Les conférenciers se trouvaient être des gens fort éminents, un inspecteur général, un universitaire connu pour avoir dirigé une collection de livres de français chez un grand éditeur et une troisième personne dont j'ai oublié l'éblouissante qualité. Il fut d'abord question du collège, et l'on nous a expliqué (déjà à l'époque !) que nous ne devions plus faire de dictées. Il nous fallait simplement « pratiquer une thérapeutique aux déficiences orthographiques ». Nous n'avons malheureusement jamais su en quoi consistait cette thérapeutique ni quelle était la composition des remèdes. Puis les conférenciers en sont venus à parler de la lecture au lycée. Chacun convenait qu'il était très difficile de faire lire les élèves et de les intéresser à des œuvres littéraires.

L'inspecteur avait fait venir un professeur de l'enseignement technologique dont il nous vanta le grand mérite puisqu'il était parvenu à intéresser sa classe. Comment ? Celui-ci nous a expliqué simplement qu'il donnait à découvrir à ses élèves des romans pornographiques. Aussitôt l'inspecteur nous a vivement conseillé de suivre cet exemple. L'important était d'accéder à la lecture. Je n'en ai pas su davantage, car je me suis levé discrètement et suis parti sans demander mon reste.

Je reconnais avoir toujours pratiqué un enseignement traditionnel, adapté à chaque classe, à chaque niveau et parfois à chaque élève. Je me souviens encore de ce garçon de première S qui avait le plus grand mal à lire – c'est-à-dire à déchiffrer une page – et qui, alors que j'avais donné à préparer un chapitre de *Candide* de Voltaire, m'a déclaré, la mine basse, ne pas avoir fait son travail : « Vous comprenez, monsieur, quand vous donnez une page à étudier, je le fais pour vous faire plaisir, mais là, tout un chapitre [il devait faire quatre ou cinq pages], c'était trop long. Je n'ai pas pu. » Et c'était vrai, je savais que c'était au-delà de son effort possible. Je devais donc m'adapter à son rythme et à ses capacités pour l'aider à progresser. C'est cela, la pédagogie adaptée. Expliquer des méthodes, aider les élèves à les appliquer, à s'entraîner, à vaincre les difficultés pour mieux les maîtriser, voilà en quoi consiste la transmission des savoirs que l'on appelle l'enseignement « transmissif ». Par opposition, nos pédagogistes prônent l'enseignement « constructiviste ». Il s'agit d'une autre approche, dans laquelle l'élève est l'acteur de son propre apprentissage. À lui de rechercher, d'échanger avec ses camarades, de retrouver ce que les plus âgés savent depuis toujours, bref de réinventer le monde en faisant éventuellement n'importe quoi. Je préfère appeler cette méthode l'enseignement permissif. C'est ce qui est prôné par exemple au collège par l'ORL. Comprenez « l'observation réfléchie de la langue ». À l'élève d'observer les textes et de retrouver les règles, par exemple de l'emploi des temps dans les différentes propositions subordonnées. Sans aucune base préalable, c'est-à-dire, dans le cas présent, sans rien connaître à la conjugaison, la tâche paraît insurmontable. L'enseignement « transmissif » n'est pas pour autant du bourrage de crâne, il ne renonce pas à l'observation et à la réflexion, mais il fournit un certain nombre de clés, qui permettent, par leur application, de comprendre le fonctionnement de la langue et les règles d'une expression correcte. Il s'agit alors d'un jeu habile et de la complémentarité de la mémoire et du fonctionnement de la logique dans l'utilisation des données expliquées à la base de l'apprentissage.

Il en va de même pour l'évaluation. Plusieurs belles formules sont censées distinguer l'évaluation diagnostique (faite avant le début de l'apprentissage pour juger du niveau de l'élève), l'évaluation formative (faite en cours d'apprentissage pour permettre de faire le point sur l'état de la progression), et l'évaluation sommative (en fin d'apprentissage, qui apprécie la réussite de celui-ci). À quoi s'ajoute l'évaluation normative, dont les paramètres sont fixés au niveau national et qui peut donner lieu à l'obtention d'un diplôme comme le brevet ou le baccalauréat, mais cette dernière, nous le savons, est largement « truquée » puisque nous connaissons avant le début de l'examen le taux de réussite qui devra être atteint. Tout cela paraît mûrement réfléchi et savamment ordonné mais relève en réalité du bon sens. Quel professeur se lancerait dans un nouveau chapitre sans avoir vérifié que les élèves maîtrisent les bases nécessaires à sa compréhension, ne s'assurerait pas au cours de l'étude que tout le monde en suive le développement, étape par étape, et n'évaluerait pas *in fine* la réussite de l'apprentissage ? Mais le plus difficile reste d'apprendre à noter une copie avec mesure et justesse. Cela ne peut s'obtenir que par le bénéfice d'une pratique sur le terrain. La pédagogie ne s'apprend pas dans les livres, et les nouvelles écoles de professeurs, tout comme jadis les IUFM, n'apportent pas grand-chose de concret aux jeunes collègues sans expérience. Nous y reviendrons.

Le jargon volontairement opaque et abscons du ministère s'accompagne aussi d'un festival d'acronymes dans le tsunami desquels les enseignants eux-mêmes se noient avec enthousiasme. Savez-vous par exemple ce qu'est le PIIODMEP ? Un engin spatial ? Un nouveau mammifère marin ? Non ! Simplement de l'orientation scolaire : « parcours individuel d'information et de découverte du monde économique et professionnel ». Nous commençons à être habitués aux ZEP et autres RASED, aux TPE (travaux personnels encadrés exécutés en première – et sans rapport avec les très petites entreprises), aux TICE, qui concernent l'usage de la panoplie informatique à l'école, et même au certificat d'aptitude des professeurs nommé CAPES. Cela ne saurait suffire, et chaque année voit fleurir son lot d'acronymes énigmatiques, comme le CRPE (concours de recrutement de professeurs des écoles) ou le CAFIPEMF, déjà plus subtil (certificat d'aptitude aux fonctions d'instituteur ou de professeur des écoles-maître formateur)... C'est ainsi que le ministère de l'Éducation nationale prend des couleurs de secte réservée aux initiés.

Lorsque les grands prêtres se donnent la peine de développer un peu, leurs propos n'en sont pas davantage accessibles. Prenons quelques textes issus des documents d'accompagnement destinés aux enseignants à propos de la nouvelle réforme du collège concernant par exemple l'explication d'un thème proposé pour le cours de français et intitulé « se chercher, se construire ». « La carte mentale qui modélise cette traversée langagière signale avec force de nouveaux couples de tensions structurant l'entrée en classe de troisième autour des notions de représentation, d'identité, de temporalité et de fonctionnalisation. » Quelque chose vous a échappé ? Alors vous comprendrez mieux avec l'explication suivante : « L'expression "se chercher, se construire" propose un couple dynamique témoin d'une tension ontologique propre à chaque individu et sans doute exacerbée à l'adolescence, âge où les possibles s'esquissent tandis que les premiers choix font naître la crainte d'un avenir dilué dans les sables ou à l'inverse pétrifié. » Votre horizon cognitif ne s'est toujours pas éclairci ? Mieux vaut abandonner. Il est inutile d'écrire au ministère, la réponse ne serait pas plus compréhensible. Peut-être vous replierez-vous sur l'intitulé de cette « entrée » avec ses verbes pronominaux dont voici l'éclairante explication : « La forme pronominale réfléchie des deux verbes signale le déplacement qui s'opère entre le sujet percevant et l'objet perçu, déplacement que l'on peut lire comme l'expression d'une volonté, d'un effort, d'un désir à l'œuvre. » Voilà tout de même qui devrait renseigner des collégiens de quatrième ! Au fait, Messieurs les pédagogistes, pour votre gouverne, en conjugaison, comme ailleurs en grammaire, les mots ont un sens et une importance : mieux vaudrait parler de « voix » pronominale, le terme de « forme » existant pour préciser si elle est affirmative, négative, interrogative ou interro-négative. Décidément, je ne suis pas sûr que nos collégiens s'y retrouvent.

Il serait grand temps de revenir au bon sens, c'est-à-dire à la réalité quotidienne du terrain, dans lequel nos démagogues ne se sont pas embourbés depuis longtemps. Ils y verraient par exemple que l'accompagnement personnalisé prévu par leurs textes est une notion trop floue pour être efficace. Il faut en effet bien comprendre, selon le jargon ministériel, que cet accompagnement « personnalisé » a justement comme caractéristique de n'être pas personnalisé. Néanmoins sa mise en place révèle un aveu d'impuissance ; lorsque l'on établit un programme, le fait d'y inclure une forme quelconque de soutien de manière permanente marque la reconnaissance du fait qu'un bon nombre d'élèves ne parviendront pas à le suivre. Il pourrait paraître judicieux de ne pas mettre tout le monde dans le même panier d'un bout à l'autre de la scolarité et de rechercher des moyens de s'adapter à l'évolution de chacun. Il a existé, voici quelques années, des classes passerelles et d'autres expériences du même genre qui permettaient aux élèves en difficulté de se reprendre pendant une année, de combler leurs lacunes sans pour autant doubler simplement la classe dans laquelle ils avaient échoué. Sans doute même faudrait-il laisser l'initiative de semblables mesures aux établissements qui sauraient les inventer et les adapter aux difficultés locales, car, répétons-le, contrairement à ce que nos autorités nous serinent volontiers, il existe une grande disparité entre les établissements. Il faudrait également cerner les besoins de chaque niveau et renforcer les horaires qui ont tant diminué dans les disciplines fondamentales (le français, les mathématiques, etc.) Il ne sert à rien de se disperser dans des « enseignements d'exploration » qui, de l'aveu même des collègues qui les pratiquent, ne servent pas à grand-chose sinon à amuser la galerie. De la même façon, il est essentiel de laisser chaque école, collège ou lycée apprécier la question des rythmes scolaires, dont on a fait la grande affaire du quinquennat précédent. À y regarder de plus près, notamment pour l'école primaire, on s'aperçoit que ces divertissements d'après-midi sont de qualité très variable et sont à dissocier de l'enseignement destiné aux enfants. De surcroît ils coûtent cher et sont particulièrement chronophages. Leur mise en place a ébranlé la notion d'égalité si chère au ministère (du moins veut-il nous le faire croire) et celle de gratuité de l'école laïque. Il s'agit donc d'un coup supplémentaire porté à notre école républicaine. La réalité oblige à dire que ces activités de loisir ont amputé considérablement le nombre d'heures d'enseignement dispensées aux enfants. Même si l'on excepte la question du congé le mercredi ou le samedi (là encore il sera bien difficile de se mettre d'accord si l'on demande leur avis aux parents), il reste que le temps pris pour les amusements post-prandiaux l'a été au détriment de l'apprentissage de la lecture, de l'écriture et du calcul. Car il faut bien savoir que les matinées ne sont pas forcément réservées uniquement à ces enseignements indispensables. Je connais le cas d'une école primaire où les enfants se voient proposer du sport tous les matins, et même commencent le vendredi matin par deux heures de natation. On imagine dans quel état ils sont pour s'adonner à la lecture ou à l'écriture pour le reste de la matinée avant d'aller jouer au ballon l'après-midi. Il n'est pas étonnant dans ces conditions, et ce sont les parents qui le soulignent, qu'avec ces nouveaux rythmes scolaires leurs enfants soient épuisés alors que, dans ma jeunesse, nous supportions très bien les six heures quotidiennes d'école. Nous y faisions une dictée tous les matins, de la lecture matin et après-midi, du calcul et, en fin de journée, l'instituteur nous faisait découvrir les grandes heures de l'histoire de France, la géographie (nous apprenions peu à peu à faire des cartes), quelques bribes de sciences... Nous terminions souvent par la récitation à moins que le professeur de musique ou celui de dessin ne viennent nous initier à leur art. Il est vrai qu'un temps modeste était consacré à la gymnastique, comme on disait alors, mais aujourd'hui la priorité est au sport sous toutes ses formes, sauf à celui des neurones, et l'on peut voir le résultat. Je ne veux pas jouer les passéistes qui entonnent l'air du bon vieux temps, mais il faut bien voir que la nouvelle organisation de la semaine à l'école a été étudiée pour jeter de la poudre aux yeux, tenter de rendre l'école amusante (alors que nous prenions du plaisir avec notre instituteur), et surtout abaisser le niveau de connaissance de nos jeunes. Je me refuse à imaginer que les enfants d'aujourd'hui ont moins de capacités que ceux d'il y a un demi-siècle. Alors pourquoi sont-ils tout à la fois plus fatigués, plus instables et plus ignorants ?

La réponse à cette question se trouve une fois encore dans l'égalitarisme que le ministère a érigé en dogme. Peu importent les difficultés des élèves, peu importent les différences de rythme entre eux, ils ont tous droit à la même soupe. On promène de classe en classe des enfants en échec scolaire sans véritables dispositifs pour remédier à leurs difficultés. Ceux qui existaient, au demeurant fort insuffisants et souvent inefficaces, comme les heures de soutien sous les formes les plus variées, ont été presque tous supprimés et remplacés par cette trouvaille digne du professeur Nimbus : la différenciation pédagogique. Faisons faire aux enfants des activités ludiques qui masqueront l'indigence de l'enseignement des disciplines fondamentales, donnons-leur l'impression que la capacité à taper dans un ballon compense largement celle de lire un livre et d'acquérir une culture. Mais ces calembredaines ne leurrent que ceux qui les ont mises en place. Cela n'empêche en rien le décrochage scolaire, qui ne compte pas peu dans l'extension de l'absentéisme comme d'une épidémie et de la violence. Car ce décrochage scolaire existe au sein même des cours et se traduit par les bavardages et les réactions violentes de ceux qui ne supportent plus de se trouver en situation d'échec permanent et dont les manifestations bruyantes perturbent considérablement le travail des autres. Et que peut le professeur qui est obligé de faire cours pour tout le monde ? Il lui faut déployer des trésors de pédagogie. Or celle-ci ne s'apprend pas dans les écoles de formation des enseignants. Il faut du bon sens, de l'inventivité, un réel esprit d'adaptation au terrain suivant les cas, en un mot beaucoup de pragmatisme et une expérience sans cesse à remettre en question. Les théories ronflantes déroulées à grand renfort de vocabulaire abscons dans les cours dispensés aux jeunes stagiaires ne font que les troubler sans leur être utile d'aucune façon. La pédagogie s'apprend au contact des élèves, dans les classes, dans chaque situation, avec, pour les jeunes professeurs, des tuteurs ou maîtres de stage pour les aider à réfléchir et à s'adapter à chaque cas de figure. Il est stupide de développer des doctrines inspirées de conceptions politiques surannées et « hors sol » comme on le fait aujourd'hui. Il faut partir de l'élève pour adapter sa façon d'opérer et non imposer à tous uniformément des théories abstraites nées de spéculations nourries d'idéologie. Je me souviens, voici quelques années, d'un cours d'un de mes stagiaires (pourtant élève de l'IUFM) dans une classe de première S dans ce qu'il est convenu d'appeler un bon lycée parisien. Il menait une étude de texte de façon certes intéressante, mais beaucoup trop rapide pour que tous les élèves pussent suivre. Je n'ai pas voulu intervenir et ai souhaité qu'il vît les conséquences de sa pratique. Il y avait dans la classe un élève qui avait plus de difficultés que les autres et qui, de surcroît, était assez nerveux lorsqu'il se sentait en échec. Soudain, nous avons vu ce garçon bondir en renversant sa chaise et sortir de la salle en claquant la porte. Mon jeune collègue était médusé, la bouche ouverte, et me lançait des regards désespérés. J'ai aussitôt envoyé mon autre stagiaire, qui était présent, rejoindre l'élève dans la cour en lui enjoignant de parler avec lui et de le calmer tandis que je reprenais le cours en main aux côtés de mon stagiaire en exercice ce jour-là. Quand l'élève est revenu, je l'ai alors pris à part pour lui parler et nous avons refait ensemble le travail. Après le cours, nous avons longuement analysé la situation, mes deux jeunes collègues et moi. Celui qui officiait a bien compris qu'il menait son travail sans être suffisamment réceptif aux signaux que pouvaient lui renvoyer les élèves, puis il a appris comment réagir devant de semblables comportements (plus que fréquents dans les établissements difficiles). Les deux jeunes professeurs ont alors regretté qu'on ne leur ait jamais enseigné, à l'IUFM, comment gérer ces situations qui se vivent dans la pratique quotidienne.

Car la pédagogie ne relève pas de l'idéologie politique. Il est grand temps de revenir au respect de la liberté pédagogique, qui faisait partie de la panoplie des professeurs dans les temps où les autorités ministérielles respectaient ceux qui avaient pour mission de transmettre le savoir et leur faisaient confiance. La pédagogie relève en effet de la compétence du professeur, et c'est sa responsabilité de la développer comme un art, car c'est d'elle que dépendent l'efficacité et la réussite de son enseignement.

2

Des professeurs et chefs d'établissements

« Tu sais bien que ton professeur est un con ! » Je faisais la queue chez le charcutier. Derrière moi un père rassurait ainsi son fils, un collégien d'environ 13 ans, qui essayait de lui expliquer qu'il n'avait pas eu une bonne note parce que son professeur n'avait pas compris ce qu'il avait voulu dire. La réponse du père est symptomatique de l'opinion que beaucoup de parents se font d'un certain nombre d'enseignants. Il faut dire que, depuis que nos démagogues ont donné la parole aux parents jusque dans les instances mêmes de l'école en leur expliquant que leur jugement avait autant de valeur (sinon davantage) que celui des maîtres, un certain nombre de ces « géniteurs d'apprenants » ne se sentent plus d'aise. Chacun a son opinion sur ce qu'il conviendrait d'enseigner, sur la méthode utilisée en classe, sur l'organisation du temps scolaire et dans bien d'autres domaines encore. Le cocasse est que tous les parents ne sont pas d'accord même s'ils s'imaginent chacun détenir la vérité, et principalement ceux qui n'y connaissent rien. On ne parle bien et avec assurance que de ce qu'on ignore. Le pauvre professeur devient donc le bouc émissaire des élucubrations parentales, réduit au rang de simple domestique. Et encore ! Ils traitent plus d'une fois l'enseignant comme je ne le ferais point de ma femme de ménage de crainte qu'elle ne me rendît son tablier (et elle aurait bien raison). Le drame est que les propos tenus par ces mêmes parents à la maison devant les enfants sur le corps enseignant ne sont pas plus flatteurs, et les élèves, en classe, répercutent nécessairement dans leur attitude l'opinion exprimée chez eux par leurs parents. Si l'on ajoute à cela que les méthodes nouvelles ont supprimé tout moyen d'exprimer une autorité au nom de l'expression spontanée des jeunes, et toute discipline afin de ne pas brimer les chères têtes blondes et brunes, on aura vite compris pourquoi trop d'enseignants sont méprisés par leurs élèves et leur servent même de souffre-douleur. Tout est de la faute du professeur (sauf les bonnes notes obtenues, qui ne sont dues qu'au seul génie de l'enfant) ! Il n'a qu'à savoir se faire obéir au lieu de s'égosiller pour tenter d'être entendu par une troupe de gamins qui contestent tout, son autorité, son savoir et, parfois, jusqu'à sa tenue (je pense surtout aux femmes). Le professeur est devenu une sorte de gentil animateur qui tente d'amuser un public parfois hostile, souvent indifférent et presque toujours ingrat. Le bilan de l'opération est que, dans beaucoup d'établissements, tout enseignement s'avère très difficile, voire carrément impossible. Les fainéants et ceux que rien n'intéresse sont les rois de la classe au détriment des autres qui n'osent rien dire au risque de se faire tabasser à la récréation. C'est la royauté du cancre. Il arrive même que le professeur, exposé à l'insolence, voire aux insultes de certains, se trouve profondément blessé, humilié et n'ait qu'une envie, celle de se mettre en congé pour ne pas sombrer dans la dépression, ou encore de démissionner, ce que font de plus en plus de jeunes professeurs à leurs débuts. Il me revient en mémoire l'aventure survenue à une de mes collègues d'espagnol, une femme bien équilibrée et qui n'avait pas l'habitude de s'en laisser conter ; elle était toujours habillée avec élégance mais de façon un peu ostentatoire avec des couleurs vives et un maquillage assorti ; je la trouve un jour assise sur une chaise en salle des professeurs, la mine abattue, ce qui ne reflétait vraiment pas ses habitudes ; je lui demande ce qui lui arrive et elle me raconte qu'alors qu'elle traversait la cour un élève qu'elle ne connaissait pas l'avait abordée en lui demandant : « Dis, combien tu prends ? » Elle en était toute retournée, mais je savais qu'elle ne manquait pas de ressources et me suis enquis de sa réponse : « T'occupe ; c'est trop cher pour toi ! » La répartie était excellente, mais j'ai bien vu à son attitude défaite qu'elle était meurtrie. Et je ne parle ici que des agressions verbales, mais il faudrait aussi s'arrêter sur les agressions physiques. Je pense par exemple à ce jeune professeur de philosophie dans un lycée difficile qui s'est fait jeter à terre par quelques garçons de sa classe et qui n'a pu se relever qu'en leur donnant le paquet de cigarettes qui se trouvait dans sa poche. Ils ont bien l'habitude de racketter leurs camarades ; on ne voit pas pourquoi ils se gêneraient avec les enseignants.

Le lecteur qui ne connaît pas de professeurs parmi ses proches et qui ignore la réalité du terrain parce que la presse ne s'en fait pas écho (elle se limite aux violences les plus graves) pensera certainement que j'exagère, ou que ce que je raconte est le lot de rares établissements perdus dans quelques banlieues dont les habitants se proclament eux-mêmes hors des territoires de la République. Qu'il sache donc qu'il n'en est rien. S'il est vrai que les violences physiques les plus scandaleuses ne sont pas (encore) généralisées, il doit savoir que le laxisme organisé par les réformes ministérielles s'étend à presque tous les établissements, et que l'insolence des élèves, le mépris des parents sévissent sur l'ensemble du territoire, même si, dans les « bons établissements » (bien peu nombreux), ces attitudes répréhensibles ne touchent pas tous les professeurs, mais ceux à qui des reproches peuvent être adressés. En effet, tous les enseignants ne sont pas à placer ni sur le même niveau ni dans la même catégorie, il faut bien le reconnaître. De la même façon, les établissements ne sont pas et ne seront jamais égaux entre eux contrairement à l'idéal d'égalitarisme dont notre haute hiérarchie nous bourre le crâne. Il est vrai que bien des efforts ont été faits pour réduire l'écart qui existait par exemple entre les lycées. Ainsi, j'ai eu le bonheur de débuter ma carrière dans un grand lycée expérimental situé dans une proche banlieue cossue de la capitale. C'était un endroit assez rêvé pour enseigner, avec des élèves de qualité qui avaient le goût de la culture (c'était au siècle dernier !). De surcroît, en tant que lycée pilote, l'établissement bénéficiait d'un équipement rare que je n'ai jamais retrouvé : un circuit de télévision intérieur avec un studio et une personne à plein-temps pour s'en occuper ; un petit théâtre en plein air et un autre de 120 places, bien équipé avec un technicien à demeure. Il se trouve qu'à l'époque les élèves de terminale qui avaient passé leur épreuve de français en fin de première pouvaient choisir, en option, de continuer à étudier notre littérature pendant leur dernière année de lycée. Nous étions trois professeurs à offrir à ces volontaires un cours hebdomadaire sur un thème précis. En ce qui me concerne, j'ai proposé une étude du théâtre contemporain et de sa mise en scène, ce qui nous a amenés à faire une douzaine de sorties théâtrales dans l'année, souvent complétées par des rencontres avec des acteurs et leur metteur en scène. Certaines de ces expéditions vespérales nous ont même laissé un souvenir exceptionnel, comme notamment le jour où nous avons pu assister à une représentation d'*En attendant Godot* au théâtre de l'Odéon donnée pour nous seuls, avec quatre acteurs de la Comédie-Française, suivie d'une longue discussion avec ceux-ci et leur metteur en scène, Roger Blin, figure emblématique du théâtre de Beckett. Nous avons aussi, pendant cette année, créé trois ateliers d'écriture et monté un spectacle dans notre théâtre que les élèves ont travaillé avec cœur, allant jusqu'à donner des représentations supplémentaires entre l'écrit et l'oral du bac.

Ce fut une belle expérience intellectuelle et humaine. Mais la vérité m'oblige à dire que je disposais, outre du technicien pour le spectacle, de l'aide d'un assistant qui m'aidait à organiser ces trois groupes qui rassemblaient plus de trente élèves. Je vous rassure de suite, le premier gouvernement de François Mitterrand a pris soin de supprimer les lycées pilotes et les moyens qui permettaient de faire un travail aussi enrichissant. Est-ce pour autant que des établissements moins privilégiés ont bénéficié d'un rééquilibrage ? J'en doute fortement, sinon que la mise en place du collège unique exigeait la construction de nombreux préfabriqués ici et là pour accueillir tous les nouveaux élèves. Qu'on ne se leurre donc pas, les moyens pour développer la culture dans les lycées ont fondu comme neige au soleil, mais ce n'est pas pour autant que tous les établissements se retrouvent sur un pied d'égalité. Il s'en faut de beaucoup, puisque la politique suivie depuis lors a dévalorisé nombre d'établissements sans valoriser ceux qui en auraient eu besoin. Sur ce point également, l'égalitarisme n'a pas réduit les inégalités, mais, en réalité, les a renforcées.

Les professeurs font ce qu'ils peuvent, mais sont fortement démoralisés. Leurs efforts sont rarement couronnés de succès, et les programmes qu'on leur impose ne vont pas dans le sens d'un développement positif des jeunes cerveaux qui nous sont confiés. Les élèves, de sources officielles, travaillent environ à 20 % de leurs possibilités. La déperdition est énorme, et les professeurs se sentent bien démunis. Souvent se trouve mise en cause la lourdeur de la machine administrative. Il est vrai que l'Éducation nationale donne fréquemment l'image de l'impotence du mammouth. Or les véritables responsables de ces dysfonctionnements permanents qui gênent les enseignants, voire les empêchent de travailler, sont extérieurs à la classe. Nous sommes loin du temps où François Bayrou, ministre de l'Éducation, précisait que « la loi de l'école, ce sont les enseignants et les éducateurs ». Aujourd'hui, les uns comme les autres sont largement contestés, à la fois par les idéologues du ministère et leurs conceptions laxistes, et par les élèves qui ont appris de cette permissivité à parler plus haut que le maître. Le nécessaire respect qu'évoquait le ministre de 2006 a laissé place aux incivilités, aux violences, en un mot aux pressions de tous ceux qui refusent l'autorité de l'école et qui prétendent y faire leur loi. Ces jeunes « sauvageons » (pour reprendre un mot célèbre) se comportent en réalité à l'école tels qu'ils sont dans la rue, chez eux, aussi bien avec leurs parents ou leur famille qu'avec les camarades de leur bande. À défaut de savoir s'exprimer par une parole maîtrisée, ils ne connaissent que l'insulte et la violence verbale et physique dont se réjouissent des experts autoproclamés du ministère, émerveillés de cette spontanéité qu'ils prennent pour un signe de l'épanouissement des jeunes. Assurément, voilà des futurs citoyens qui ont une conception nouvelle du « vivre ensemble » puisqu'ils contreviennent à la tradition en brisant les rôles éculés du transmetteur et de l'apprenant. Si les prix et récompenses étaient encore à la mode, il suffirait d'inventer celui de « perturbateur chevronné » pour que ces voyous se trouvassent enfin honorés par la République à leur juste valeur. Mais les professeurs n'en peuvent plus. Jamais le nombre d'enseignants démissionnaires n'a été plus important qu'en 2017, et particulièrement parmi les jeunes, nous l'avons dit. Dans un document publié sur le réseau des écoles de formation des professeurs, certains formateurs ont écrit : « Nombre de nos jeunes collègues [...] nous font part de leur désarroi face à certaines conduites de leurs élèves qui leur semblent relever non seulement de l'indiscipline mais de certaines formes de provocation. Les professeurs ressentent une tension extrême, allant parfois jusqu'aux risques d'agressions entre élèves ou à leur égard. Certains élèves semblent non seulement être installés dans l'indiscipline constante et extrême, mais refuser toute communication, et parfois même se placer hors des codes les plus fondamentaux de l'école. » N'y a-t-il pas comme une certaine ironie à lire ces propos (au demeurant très réalistes) sous la plume de ceux qui sont en principe chargés d'apprendre aux jeunes enseignants leur métier ? Quel aveu d'impuissance !

Il faut en effet préciser que la formation des professeurs aujourd'hui n'est pas seulement vide de tout contenu efficace et concret, mais elle est toxique, pétrie de cette idéologie farcesque qui a conduit sciemment au désastre pédagogique que nous connaissons. Les qualités d'un bon enseignant reposent sur deux bases essentielles et complémentaires, d'une part une maîtrise la plus approfondie possible des connaissances dans la discipline à enseigner, d'autre part une expérience pédagogique qui se fonde sur une pratique accompagnée. Or, depuis la création des fameux instituts prétendument universitaires de formation des maîtres (IUFM), puis celle des écoles de formation pour les enseignants qui leur ont succédé (ESPE), la première de ces deux bases se trouve totalement négligée au profit de la seconde, qui ne tient cependant aucun compte de la réalité du terrain. Le seul moment où de jeunes enseignants peuvent apprendre quelque chose de leur métier se limite au stage pédagogique qu'ils doivent effectuer sous la tutelle d'un professeur expérimenté et choisi par l'inspection. Or ce stage a souvent été réduit à quelques semaines, par exemple un mois dans l'année, comme si cette expérience suffisait pour affronter un métier devenu si difficile à exercer. Ces derniers temps, cependant, j'ai eu le plaisir d'avoir à guider dans leurs premiers pas de jeunes agrégés que l'on nommait pour un an avec un service réduit à neuf heures. Je le reconnais, il s'agit là d'une amélioration remarquable. La difficulté vient de l'enseignement qui leur est dispensé parallèlement à l'ESPE. Celui-ci est si flou et si inopérant, surtout si contraire à ce qu'ils trouvent dans leur classe, que ces jeunes gens se sentent fort désemparés s'ils veulent le mettre en pratique. Je me souviens par exemple de cette jeune femme qui venait assister à mes cours de latin en terminale et qui en avait rapidement remarqué l'efficacité mais qui se trouvait fort gênée pour reprendre mes méthodes parce que, me disait-elle, cela ne correspondait pas du tout à ce qui était expliqué à l'ESPE. Je lui ai vivement conseillé de suivre l'enseignement qu'elle recevait dans ce haut institut parce qu'elle serait jugée à l'aune des théories pédagogistes. Cela a duré un bon mois. J'allais assister à certains de ses cours et je voyais bien l'inanité de ses efforts. Je n'ai pas voulu critiquer, mais d'elle-même, découragée, elle a fini par prendre sa décision et a décidé d'appliquer ma pédagogie. Les élèves ont alors rapidement progressé.

Il faut se rendre compte de ce qui se passe dans ces instituts de formation des maîtres. Seule la pédagogie est prise en considération. On y proclame que les connaissances ont été acquises auparavant pendant les études et que, sans doute, elles sont suffisantes. En revanche, les professeurs en « sciences de l'éducation » délivrent de belles théories toutes faites sur la manière d'enseigner. Je me suis souvent amusé d'entendre mes stagiaires me raconter les cours qu'ils suivaient. Leurs formateurs semblaient ignorer la vraie situation sur le terrain, les disparités qui existent entre les établissements (il est vrai qu'officiellement l'égalitarisme a remédié à tout !). Pour prendre un exemple concret qui me revient à l'esprit, pendant une année entière l'un de ces formateurs a passé son temps à faire comparer aux étudiants des manuels scolaires, d'abord de collège, ensuite de lycée. Le but de cet exercice consistait, selon mes jeunes stagiaires, à les rendre capables de faire un choix pour leurs futures classes. Mais personne ne leur a expliqué, premièrement, que le choix des manuels est fait par l'ensemble des professeurs d'une discipline, ensuite que le livre, choisi et acheté par la région, doit être utilisé pendant plusieurs années, si bien qu'ils n'auraient pas de sitôt l'occasion de choisir un manuel. En outre, il est rare qu'un livre s'adapte parfaitement au niveau de l'établissement dans lequel on enseigne, et il serait souvent préférable d'apprendre à composer soi-même le « support cognitif » dont on a besoin. De toute manière, pour utiliser un livre, encore faut-il avoir des élèves qui écoutent et qui participent. Lorsque ces mêmes stagiaires ont voulu interroger leur professeur sur la façon d'utiliser concrètement un manuel en mobilisant l'intérêt d'une classe, ils n'ont reçu, m'ont-ils dit, aucune réponse précise.

Je ne veux pas ennuyer le lecteur avec des questions de cuisine interne, mais chacun aura compris que de la formation d'un enseignant dépendent ensuite son évolution et la qualité de son travail. Je veux simplement énoncer deux ou trois principes de bon sens qui devraient présider à la formation des professeurs. Le premier principe serait de considérer comme primordiale la maîtrise des connaissances dans la discipline. C'est aujourd'hui le seul moyen que nous avons d'obtenir le respect de nos élèves. Dans les établissements dignes de ce nom et alors que la discipline est devenue évanescente, les jeunes écoutent les maîtres qui savent répondre à leurs questions, qui savent les étonner, qui savent leur faire découvrir avec talent des horizons par eux jusque-là ignorés. Ce respect n'est pas celui qu'on rend à la pédagogie, mais qui est une forme de reconnaissance de la culture d'un professeur.

Le deuxième principe serait de respecter la liberté pédagogique de chaque enseignant et de lui apprendre à en user en s'adaptant aux différents niveaux et aux différents établissements qu'il lui sera donné de connaître. C'est-à-dire de faire partager aux jeunes collègues des expériences variées au lieu de leur inculquer des théories toutes faites engendrées par une idéologie unique. Et quand je parle d'expériences, je ne pense évidemment pas à ces activités de patronage (macramé ou recette de la pâte à crêpes) que l'on enseignait au bon vieux temps des IUFM pour que le professeur puisse devenir un bon animateur de lieu de vie (autre nom donné au lycée du temps de Lionel Jospin).

Le troisième principe, qui découle du précédent et qui suppose acquis le premier, consiste à mettre très tôt les nouveaux professeurs au contact des différentes situations auxquelles ils seront confrontés. La pédagogie (comme la natation) ne s'apprend pas dans les livres, même si quelques conseils concrets ne sont pas à négliger. Elle se pratique et consiste à trouver les moyens les plus efficaces pour transmettre les connaissances que l'on a acquises. Le professeur est un passeur de culture. Pour y parvenir, il doit faire preuve d'humanité, savoir écouter et comprendre, s'efforcer de persuader et d'accompagner, toujours aider, en un mot il doit apprendre à aimer, à « apprivoiser » les jeunes qui lui sont confiés de la même façon que le Petit Prince a dû apprendre à apprivoiser le renard. La tâche est immense, parfois presque insurmontable comme nous l'avons dit de certaines circonstances, mais elle doit être poursuivie avec humilité et en même temps détermination. C'est pourquoi il n'est pas facile de définir quel doit être, à l'occasion d'un stage, le premier contact du maître avec ses élèves. Ma conviction est néanmoins que ce stage doit durer au moins une année, mais il n'est pas sûr que la meilleure formule soit de confier au stagiaire une ou deux classes seulement dans un établissement pour la durée totale du stage. Cette formule a toutefois l'avantage de permettre au nouveau professeur de se familiariser avec ses élèves, et surtout d'apprendre à construire une progression sur le temps long, à élaborer un planning précis, ce qui est difficile et souvent la cause d'un programme inachevé en fin d'année. Mais le professeur ne découvre alors qu'un seul aspect de son métier. S'il accomplit son stage en lycée, que fera-t-il face à une classe de collège l'année suivante, et inversement ? S'il a la chance de se trouver dans un établissement relativement calme où l'on travaille, que fera-t-il s'il se trouve envoyé ensuite dans un de ces collèges de banlieue où les élèves parient à qui sera le premier à provoquer chez lui le besoin irrépressible de se mettre en congé de maladie pour dépression ? Ces changements de situation peuvent être difficiles à vivre. Je pense qu'une des meilleures formules consisterait à prévoir deux stages d'un semestre chacun, l'un en lycée, l'autre en collège, de manière à diversifier les expériences, suffisamment longs chacun pour que le jeune professeur se trouve confronté à la question de l'organisation du travail et ait une certaine connaissance des élèves. Dans ces stages, il s'agirait d'accompagner son tuteur, de travailler avec lui, de suivre certains de ses cours, d'en assurer d'autres d'abord sous sa direction, puis progressivement seul avec la classe. C'est donc un véritable compagnonnage qui pourrait être envisagé, ce qui n'empêcherait pas quelques visites dans d'autres établissements afin de se sensibiliser à des atmosphères différentes.

Au sujet des établissements sensibles dans lesquels il est de bon ton de déplorer que soient nommés de jeunes professeurs parce qu'ils ne savent souvent pas comment réagir et sont rapidement découragés, certains penseurs ignorants du terrain ont émis l'idée qu'il vaudrait mieux envoyer des professeurs plus âgés et plus expérimentés. Je voudrais dire qu'il s'agit une fois encore d'une fausse bonne idée. En effet, dans la plupart des cas, le fait que le professeur soit plus vieux et expérimenté ne changera rien à la réalité, c'est-à-dire à l'impossibilité d'enseigner à des élèves qui refusent systématiquement ce qu'on leur propose, notamment au collège. En revanche, pour pouvoir affronter ce public en ébullition, je pense qu'il vaut mieux être jeune, puisque de toute façon, quelle que soit l'expérience de l'enseignant, les élèves n'apprendront pas grand-chose. La communauté d'âge peut être un atout ; mais je reconnais que la difficulté d'enseigner dans ce type d'établissement est un fort motif de démobilisation, pour les jeunes débutants comme pour les anciens. C'est sans doute ailleurs qu'il faut rechercher la solution afin de rendre à ces collèges leur véritable vocation de lieux d'enseignement.

On l'aura compris, le professeur n'est pas une machine (pas davantage que l'élève n'en est une). La pédagogie est aussi l'art de conformer sa personnalité à l'esprit du groupe classe, et de peser de son influence pour que cet esprit soit le meilleur possible. Une collègue avec qui je travaille régulièrement m'a dit un jour, sans deviner le plaisir qu'elle me faisait, à propos de la classe dont j'étais professeur principal : « J'aime bien travailler avec les élèves de votre classe ; ils ont toujours bon esprit. » Certes, je n'y suis peut-être pas pour grand-chose, mais je m'efforce chaque année de tout faire pour créer ce climat de confiance et d'entente avec les jeunes et je n'ai pas souvenir d'avoir dû supporter une seule classe invivable, même dans le lycée difficile (ZEP, situé dans une « zone violence ») que j'ai fréquenté pendant quelques années. Je reconnais qu'il y faut de l'énergie, mais le résultat est souvent gratifiant.

Néanmoins, nous le savons, tous les enseignants ne s'impliquent pas de la même façon, donnant prise aux critiques acerbes des parents, et je suis le premier à le regretter. Je déplore qu'ils n'aient pas pris toute la mesure de leur responsabilité. Outre l'image négative qu'ils laisseront dans les jeunes esprits, outre l'ombre qu'ils jettent sur l'institution, certains semblent ne pas se douter qu'une année « blanche » dans telle ou telle discipline peut avoir des conséquences dramatiques pour la suite des études de tel ou tel élève fragile dont les parents n'ont pas les moyens de lui offrir des cours particuliers. Nous avons tous gardé le souvenir de certains professeurs qui se moquaient de leur travail et ne s'intéressaient guère à leurs élèves. Je pourrais m'amuser à dresser la liste de quelques collègues de triste mémoire : celui qui attendait les vacances avec impatience et qui, dès que le printemps arrivait, venait faire ses cours en bermuda et en tongs ; celui qui gardait une bouteille de whisky dans son casier dans la salle des professeurs afin de se remonter le moral entre deux cours ; ceux (ils étaient plus nombreux jadis) qui se croyaient investis d'une mission politique et prêchaient avec un militantisme sans faille les vertus de l'extrême gauche à leur jeune public – j'ai même vu, en salle des professeurs, des collègues s'empoigner jusqu'à rouler sous la table parce que l'un avait osé apporter un autre quotidien que *L'Humanité* ; celle qui est atteinte d'une flemmingite aiguë et qui peine à faire faire un devoir par trimestre en français à ses élèves de première (et encore le dernier n'était-il pas obligatoire, ce qui réduisait considérablement le nombre de copies à corriger)... Je voudrais évoquer particulièrement ce collègue brillant orateur et fort cultivé qui a publié ces années dernières des ouvrages très intéressants sur le métier d'enseignant et la dérive de notre ministère mais qui, lorsque je l'ai connu, ne pouvait arriver le matin avec moins de vingt minutes de retard (j'étais obligé de faire la police dans le couloir parce que sa salle se trouvait face à la mienne), et qui était atteint d'une phobie des corrections comme d'autres le sont d'une phobie administrative, au point qu'il avait, lui aussi, du mal à faire un devoir par trimestre et qu'il lui est même arrivé de ne pas rendre les copies du bac blanc.

Comment ne pas évoquer également le souvenir d'un professeur de philosophie que j'ai moi-même eu comme élève lorsque j'étais en khâgne à Louis-le-Grand ? C'était un grand acteur, il avait l'accent du Midi et ressemblait à Fernandel mais il surpassait de loin tous les comiques qui font florès aujourd'hui. Ses cours nous procuraient un divertissement bienvenu. Malheureusement il n'a abordé les auteurs au programme qu'une seule heure dans l'année parce qu'un inspecteur était venu l'écouter. Il prétendait qu'un philosophe devait savoir parler de tout et sur tout. Alors, pendant une heure d'affilée, il abordait les sujets les plus variés et les plus désopilants tels que « le mouchoir que portait Napoléon dans sa poche pendant la campagne d'Italie » ou encore « la recette du steak de baleine à la sauce Jonas ». Il habitait un hôtel particulier dans le 16e arrondissement et avait fait ses premières études dans un séminaire. Il en avait retiré une haine inextinguible de la religion en général et de Jésus-Christ en particulier. Ce dernier constituait son sujet de prédilection et il était rare qu'il ne ramenât pas à lui tout thème traité, comme ce fut le cas pour un clou qu'il avait volé, pendant les vacances, dans la maison de Hegel en Allemagne et qui fit l'objet de deux heures de cours (il fallait bien cela pour ce clou de si noble origine). Un autre jour, il était allé jusqu'à la basilique Montmartre et avait appris par cœur le texte destiné aux touristes leur enjoignant de ne pas perturber les offices. De retour au lycée, il inscrivit le contenu de cet avertissement au tableau et le commenta pendant une heure. Il nous faisait part de temps à autre de ce qui l'offusquait. Un jour il arriva outré parce qu'il avait vu, près de chez lui, une femme laisser son chien uriner n'importe où. Il nous dit, avec son accent ensoleillé : « Je me suis approché et je lui ai dit : “Est-ce qu'une chrétienne ne devrait pas faire pisser son chien dans le caniveau ?” » Et nous étions tous réjouis en imaginant la tête qu'avait dû faire cette « chrétienne ». Dès que la sonnerie retentissait, il arrêtait net son discours et quittait la salle, la tête basse, en rasant le mur. Or il se trouve que peu de temps après j'ai de nouveau entendu parler de lui par mon ancien professeur de grec qui siégeait avec lui au même jury de baccalauréat. Notre Fernandel philosophe n'avait pas échappé au scandale parce qu'il n'avait attribué à ses copies que les notes 2 ou 18. Il avait d'ailleurs été convoqué au rectorat pour ce fait d'armes et avait, dit-on, envoyé promener la hiérarchie en disant qu'il était agrégé de philosophie au lycée Louis-le-Grand et qu'il notait comme il l'entendait. Mon professeur de grec était venu s'enquérir auprès de moi des raisons d'une pareille notation et fut très étonné quand je lui donnai mon interprétation : selon moi, il avait mis 2 à toutes les copies dans lesquelles il devinait une certaine accointance avec Jésus-Christ, et 18 à toutes celles qui faisaient profession d'athéisme. Toujours est-il qu'il arriva en retard à la délibération du jury et que, sans s'excuser ni saluer quiconque, il fonça au tableau qu'il couvrit d'un discours sibyllin commençant par : « Je suis Judas ; on persécute Judas… » J'imagine volontiers la tête de ses collègues qui ont dû le croire sorti tout droit d'un asile d'aliénés. Nous, ses élèves, nous avions beaucoup ri, mais pour ce qui est de la préparation au concours, c'était une autre affaire.

Le lecteur pourrait sans doute compléter à loisir ce petit tour d'horizon des originaux qui peuplent notre Éducation nationale. Je voudrais cependant lui dire qu'il ne s'agit là que de quelques spécimens rares qui sont la honte de notre institution et qui mériteraient sans doute d'être sanctionnés par la hiérarchie. Fort heureusement, l'immense majorité des enseignants est formée de femmes et d'hommes consciencieux, très attachés à leur travail et dont on parle moins parce qu'on considère leur dévouement normal (et je pense qu'il l'est). Il est de bon ton de nos jours de se moquer des professeurs et de dire qu'ils sont toujours en vacances. J'ai même entendu un des candidats malheureux à la primaire de la droite, qui fut lui-même professeur, affirmer pendant sa campagne à la radio qu'il faudrait revoir le temps de travail des enseignants et conclure par ces mots : « Ils font quinze heures par semaine, et puis c'est tout ! » Ou bien cet homme, lorsqu'il était dans le métier, était un joyeux fumiste, ou bien – ce que je crois – il caressait l'auditeur dans le sens du poil, en bon démagogue. Il est inutile de s'étendre sur le fait que les enseignants, même les agrégés, font beaucoup plus d'heures devant leurs élèves et passent un temps souvent très long à préparer les cours et à corriger les copies. Pour une discipline comme le français par exemple, au niveau du baccalauréat, il faut compter une heure pour corriger deux, parfois trois copies. Il est bon ensuite de les reprendre avant d'attribuer une note définitive. Prenons le cas d'un professeur qui aurait deux premières, soit environ soixante-dix élèves, un seul devoir représente plus de trente heures de correction et, s'il est sérieux, cet exercice se répète plusieurs fois dans le trimestre. Et je ne parle pas des autres corrections, celles des copies d'autres niveaux ou d'autres disciplines comme le latin ou le grec. Le lecteur honnête aura compris pourquoi, personnellement, je rêvais des trente-cinq heures par semaine de Martine Aubry, surtout si l'on ajoute le travail afférent aux cours donnés à l'université. Mais je ne me donne plus la peine de défendre notre profession face aux critiques injustes et faciles. Je me contente de dire que les professeurs sont en effet en vacances douze mois de l'année, et en grève le treizième.

Les dysfonctionnements que j'ai évoqués dont quelques collègues sont la cause posent une autre question qui reste en suspens, celle du contrôle du travail des enseignants. Chacun sait qu'il existe un corps d'inspecteurs mais ceux-ci sont trop peu nombreux et occupés à trop de tâches diverses pour visiter régulièrement les collèges et les lycées. Ils sont d'ailleurs parfois mal appréciés parce qu'il est difficile en une heure tous les cinq ans (parfois même à une fréquence encore plus espacée) de juger des difficultés rencontrées par un professeur et d'estimer son travail à sa juste valeur. En outre, dans des périodes comme celle que nous venons de vivre, les inspecteurs sont chargés de porter la bonne parole des pédagogistes, et leur jugement, à l'aune de leurs inepties, peut s'en trouver altérer. L'honnêteté m'oblige à dire que les quelques inspecteurs rencontrés au cours de ma carrière (assez peu puisque j'ai dû attendre jusqu'à douze ans entre deux visites, sans que d'ailleurs cela nuise à mon évolution administrative) se sont toujours montrés attentifs et bienveillants et ont toujours approuvé mon travail pédagogique. Je les en remercie, mais certains collègues prétendent que j'ai eu de la chance… Il est vrai néanmoins qu'il serait utile de revoir les modalités de contrôle du travail des professeurs. Je crois malheureusement qu'il n'existe guère de solution satisfaisante à cette question. Le projet proposé par Mme Belkacem, qui consiste à donner une plus grande part du contrôle du travail des enseignants au chef d'établissement, peut sembler à première vue relever du bon sens. Au moins le principal ou le proviseur est-il présent en permanence dans son lycée et voit-il ce qui se passe. Mais est-il pour autant totalement apte à pouvoir formuler un jugement éclairé ? Je vois à cette idée deux obstacles : le premier tient au fait qu'un proviseur a souvent été d'abord professeur dans une discipline (quand, de plus en plus, il n'est pas un ancien conseiller d'éducation, voire un conseiller d'orientation) ; comment pourrait-il alors apprécier la pédagogie suivie par un enseignant dans n'importe quelle discipline ? Comment, par exemple, un ancien professeur d'espagnol aurait-il les compétences requises pour juger du travail d'un professeur de maths ou de musique ? Il pourrait certes s'en remettre aux avis des parents, mais ce serait ouvrir doublement la porte à l'incompétence et à l'ignorance du métier. Le second obstacle est d'ordre plus personnel. Un chef d'établissement est d'abord un être humain, et il faudrait supposer qu'il fût intellectuellement honnête (ce qui est heureusement souvent le cas !) pour pouvoir se fier à son jugement. Il est exact que, globalement parlant, tout le monde est au courant quand un professeur ne fait pas son travail sérieusement ou se fait chahuter par ses élèves, mais est-ce toujours de sa faute, surtout quand cela se passe dans un établissement difficile ?

Nous voici donc parvenus à la question délicate de savoir ce qu'est un bon chef d'établissement. Les avis sont évidemment partagés à la fois chez les professeurs, chez les élèves et chez les parents. Ces derniers ont tendance à considérer qu'un proviseur est bon (tout comme un professeur) lorsque leurs enfants obtiennent de bons résultats ! Les professeurs, eux, sont souvent volontiers critiques, et à l'excès. Les syndiqués ont fréquemment pour habitude de contester et de remettre en cause toute décision, voire toute proposition du proviseur. C'est une posture qui leur permet d'espérer obtenir toujours plus, mais est-ce toujours honnête ? Il faut bien se rendre compte que dans un lycée, surtout s'il est fréquenté par plusieurs milliers de jeunes et d'adultes, nous retrouvons autant d'avis et de positions qu'il en existe dans une petite ville. Il est donc bien difficile, pour le chef d'établissement, de contenter tout le monde et son père, comme dit le proverbe. Il a des conflits à trancher, des décisions à prendre qui faciliteront la vie de certains mais pénaliseront les autres, et ces derniers lui voueront parfois une rancœur tenace. Je dirais, pour ce qui me concerne, qu'un bon chef d'établissement est celui qui cherche à faciliter le travail des enseignants parce qu'un professeur heureux est plus disponible et performant, qui soutient ses professeurs, notamment face aux attaques des parents, qui cherche à aplanir les difficultés en favorisant un climat harmonieux et qui montre à l'égard de tous un esprit d'équité. C'est une ligne de conduite difficile à tenir et qui exige, de la part d'un responsable, de grandes qualités humaines et une belle ouverture d'esprit. Je dois à la vérité de dire que la plupart des proviseurs et adjoints que j'ai connus répondaient à ces exigences et je tiens à leur rendre hommage. Leur tâche est d'autant plus complexe qu'ils sont en quelque sorte entre le marteau et l'enclume puisqu'ils subissent les pressions des recteurs qui sont eux-mêmes chargés de faire mettre en œuvre les élucubrations de nos démagogues ministériels. Il leur faut donc parfois faire preuve de caractère pour éviter les catastrophes et user de tolérance.

Malheureusement, certains sont loin de remplir ces nobles objectifs et leurs extravagances sont d'autant plus dommageables qu'ils sont responsables de la bonne marche d'un établissement et du bonheur d'y vivre. Tous les professeurs, dans leur carrière, ont connu de ces énergumènes indignes de leur fonction. J'aimerais, pour le témoignage, évoquer deux d'entre eux dont le comportement relève à mes yeux de la faute professionnelle. Voici quarante ans, j'ai connu un principal de collège, une femme ancienne professeur d'anglais dans un lycée assez prestigieux qui avait été nommée d'office à la tête d'un collège pour l'éloigner de son établissement parce qu'elle y poursuivait de ses assiduités ses élèves filles de terminale, allant parfois jusqu'à faire des scandales devant la porte de leur domicile privé. La sanction, transformée en promotion, était somme toute légère. Mais elle administrait son nouvel établissement avec un parti pris qui lui attirait l'hostilité de tous. Elle s'était par exemple éprise d'une de nos collègues qui passait la nuit chez elle (au collège) tous les vendredis soir, au grand amusement des élèves qui demandaient avec une fausse naïveté pourquoi la voiture de Mlle X passait la nuit sur le parking du collège une fois par semaine. Or ce principal avait un chien de race, jeune et tout fou, qu'elle promenait d'ailleurs dans tout l'établissement au grand amusement général ; en fait, c'est plutôt la bête qui tirait sa maîtresse avec vigueur dans les couloirs, et nous attendions tous que celle-ci se retrouvât sur le ventre comme dans le film *La Belle Américaine*. Sa bonne amie possédait également un animal, cocker de son état, au tempérament quelque peu ombrageux et qui faillit faire capoter la relation de notre collègue. En effet cette bête vieillissante supportait peu la concurrence du jeune étalon et sombrait, paraît-il, dans la dépression. Le professeur dut donc laisser, à son grand dam, son chien chez elle lorsqu'elle venait au collège. Cela la contrariait beaucoup et, pour compenser cette dure séparation, elle apportait le matin son lapin en peluche dont elle confiait la garde au principal adjoint (une brave femme, épouse d'un charcutier local, dont l'embonpoint laissait deviner les qualités culinaires de son mari). C'est ainsi que, lorsque vous rendiez visite à l'adjointe, un seul des deux fauteuils devant son bureau se trouvait libre puisque l'autre était occupé par le lapin. Je pourrais continuer ainsi à décliner les nombreuses fantaisies de la belle (surnom attribué à la directrice en raison du couple qu'elle formait avec sa bête même si les outrages du temps avaient accompli leur œuvre), mais ce seul épisode animalier suffit à mettre en évidence qu'il eût été dangereux de donner à ce chef d'établissement des pouvoirs accrus.

L'autre exemple concerne le proviseur d'un lycée parisien, surnommé « la reine » par les professeurs, et qui passait son temps à diviser pour mieux régner. Fort heureusement, elle sombrait dans une paresse majuscule et laissait à son adjoint le loisir de diriger les opérations. Celui-ci d'ailleurs préférait ne pas la voir tant il subissait autant que nous, en public, les algarades intempestives de son chef. Elle profitait de ses dernières années pour se soigner et disparaissait des mois entiers afin de se faire mettre diverses prothèses ici ou là pour être en forme la retraite venue. Elle partait aussi à l'étranger en vacances pendant le temps scolaire ou allongeait les congés officiels par des départs anticipés et des retours retardés. Quand elle était de service le samedi matin, elle passait vers 11 heures, en sortant de chez le coiffeur, pour s'assurer que tout allait bien. Le matin, elle n'arrivait pas avant 9 heures ou 9 h 30, car elle n'habitait pas son appartement de fonction contrairement à ses obligations de présence. Elle le laissait à son fils, qui menait joyeuse vie, en toute illégalité. Un jour, l'inspectrice devait venir voir une jeune stagiaire pour décider de sa titularisation. Arrivée à 9 heures, elle demanda, comme c'est l'usage, à rencontrer d'abord le proviseur. Ma collègue – maître de stage – lui expliqua, très ennuyée, qu'elle n'était pas encore arrivée. L'inspectrice lui demanda alors de la prévenir dans son appartement de fonction. Il fallut, avec mille précautions pour ne point l'irriter, lui dire qu'elle n'habitait pas là. L'inspectrice tombait des nues et décida de commencer son inspection ; on imagine dans quel état se trouvait la jeune stagiaire ! Ce proviseur agissait volontairement envers les professeurs avec une rare désinvolture. Un jour, elle me fixa un rendez-vous à 12 h 30 pour que je lui fasse un compte rendu sur les résultats de la classe dont j'étais professeur principal avant le conseil de classe. À l'heure dite, point de proviseur. Le concierge m'avertit de sa part que je l'attende : elle était partie faire une course. Elle revint trente-cinq minutes plus tard et m'expliqua avec un large sourire qu'elle venait de chez le boucher où elle avait fait l'emplette de je ne sais plus quelle bidoche. Il ne me restait que vingt minutes pour déjeuner avant mes cours de l'après-midi. Je l'ai donc abandonnée à ses fantasmes culinaires et elle s'est très bien passée de mon compte rendu. Une fois encore, je pourrais multiplier le récit des injustices dont mes collègues et moi-même avons été les victimes, mais je reviendrai sur ce personnage dans un autre chapitre, à propos de la laïcité, parce que je n'ai jamais vu dans notre école laïque quelqu'un favoriser ou discriminer comme elle les élèves en fonction de leur religion, et cela, je ne puis l'admettre. C'est d'ailleurs le principal grief que je retiens contre elle, car elle s'est rendue indigne de la fonction qui lui était dévolue.

D'autres que moi auraient bien des histoires à raconter, et je me limite à ces courtes anecdotes pour soulever une question qui est aujourd'hui à l'ordre du jour. Le nouveau ministre l'a lui-même évoquée récemment. Il s'agit de l'autonomie des établissements comme il existe déjà depuis quelques années celle des universités. Cette autonomie commence à se dessiner pour l'enseignement professionnel avec une division du pays en douze grandes régions dont chacune définirait les programmes et assurerait la gestion du personnel enseignant. C'est une idée intéressante tant il est vrai que le mammouth finit par ployer sous le poids de sa propre graisse. Il est en effet difficile d'imaginer qu'une seule direction centrale puisse décider de tout sans tenir compte des particularités régionales. Car il ne faut pas se leurrer ; si chacun peut constater la mise en place d'une manie que l'on pourrait nommer la réunionnite, il s'agit généralement d'un rideau de fumée : la hiérarchie fait semblant de solliciter l'avis des professeurs mais a déjà pris ses décisions. Cela me fait penser à cette scène caractéristique à laquelle j'ai assisté récemment dans un magasin : une maman proposait à son gamin de 3 ans de prendre l'ascenseur pour aller chercher je ne sais plus quoi : « Tu veux bien ? – Non ! – Écoute, tu ne dis pas non. C'est maman qui décide, alors tu fais ce que je dis ! »

Toutefois, cette autonomie ne présente pas que des avantages. D'abord, sur le plan humain et sur celui de la compétence professionnelle, de l'honnêteté intellectuelle, elle suppose que les chefs d'établissement ne ressemblent pas à ceux dont je viens d'évoquer le souvenir. Comment leur laisser la responsabilité de recruter leurs professeurs s'ils sont guidés eux-mêmes par des préjugés politiques ou religieux ? Je sais bien qu'il arrive de nos jours qu'un chef d'établissement doive recruter un remplaçant dans telle ou telle discipline *via* le journal local de petites annonces à défaut de pouvoir en obtenir un du rectorat. Quelle image pour notre métier ! Mais j'ose espérer que cela reste une situation exceptionnelle. Comment éviter également que la gestion des personnels, avec la décentralisation, ne connaisse des disparités qui feraient fuir certaines régions ? Comment empêcher une réécriture locale des programmes qui rendrait difficile pour l'adaptation des enfants un déménagement d'une région à une autre ? Comment garantir encore que les diplômes (et principalement le baccalauréat, même s'il n'est plus qu'un simulacre d'examen) soient valables et reconnus nationalement ? On imagine par exemple le recrutement dans l'enseignement supérieur au vu du baccalauréat obtenu, à l'intérieur même d'une région, suivant que l'élève viendrait d'un bon lycée de centre-ville ou d'un établissement de la périphérie à la réputation sulfureuse. On peut comprendre que les professeurs soient inquiets devant tant de questions à résoudre. Et cependant il est clair qu'il faut prendre des décisions parce que « la machine » actuelle, devenue impotente, s'essouffle, tousse et crache ce qui lui reste de poumons. La question se trouve donc bien au cœur de l'actualité de l'Éducation nationale, mais elle exige un traitement tout en finesse et une adaptation qui ne se fera pas sans douleur. Tout en reconnaissant qu'il est indispensable d'élaborer des solutions, je n'en reste pas moins convaincu qu'il faut garder à notre enseignement, dans ses diverses branches et dans les diplômes qui sont censés le sanctionner, un caractère éminemment national.

3

Les élèves et leurs parents

Les jeunes qui nous sont confiés par leurs parents forment le cœur vivant de l'école au sens large, c'est-à-dire de la maternelle au baccalauréat. Mais parler de ces « jeunes » en général ne veut rien dire tant ils sont différents entre eux. C'est une banalité de souligner la diversité des personnalités qui commencent très tôt à s'affirmer, et plus encore les disparités qui trouvent leur origine dans la variété des contextes sociaux et culturels au sein desquels ils sont élevés, pour ne rien dire de l'éducation qu'ils reçoivent à la maison et qui s'avère toujours déterminante lorsque l'on considère leurs attitudes à l'école et dans la vie sociale.

Ce qui se passe dans une classe, qu'il s'agisse du primaire ou du secondaire, est d'abord un rapport de force et une histoire de séduction. L'enfant teste l'autorité de l'adulte, et plus cette autorité existe dans la famille, plus elle est facile à appliquer à l'école. La difficulté aujourd'hui réside dans le fait que cette autorité n'existe plus au sein de l'institution scolaire parce que la démagogie a vidé de sa substance ce qui en constituait l'armature, ruinant l'efficacité des règlements intérieurs. Non que je sois pour la sanction systématique ; je crois beaucoup à la vertu du dialogue et à la persuasion ;

mais il faut reconnaître qu'un professeur à notre époque ne peut compter que sur son autorité personnelle, son charisme et j'ajouterais sa compétence afin de conduire sa classe. Les élèves, même les plus difficiles, reconnaissent en général la culture du maître qui s'impose grâce à celle-ci. S'y ajoutent son art de pédagogue et surtout l'empathie qu'il éprouve pour son jeune public. Le premier contact le jour de la rentrée et la séduction dont il faut jouer dès les premiers cours sont déterminants. Le professeur doit immédiatement être capable de « sentir » sa classe afin de mettre en place les meilleurs rapports avec ses jeunes auditeurs. Il doit développer beaucoup de psychologie, et l'expérience dans ce domaine s'avère très importante. Mais ces qualités-là, j'allais dire ces armes-là, ne s'apprennent pas dans les écoles de formation des enseignants. Et elles ne sont pas nécessairement innées... Le professeur devient alors une proie facile pour un groupe, surtout si celui-ci est mené par un leader. C'est toute la question de la violence, généralement apportée de l'extérieur, qui trouve à s'épanouir au sein de l'école. Certaines bonnes âmes argueront sans doute que les règlements intérieurs prévoient toujours un arsenal de sanctions pour les plus récalcitrants. C'est inexact, si l'on excepte le conseil de discipline, et encore celui-ci ne s'applique-t-il avec succès que dans des cas extrêmes.

C'est pourquoi la question de la violence est actuellement très prégnante au sein des établissements. Les collèges principalement, mais aussi les lycées en sont les théâtres les plus fréquents, même si elle existe aussi à l'école élémentaire, voire à la maternelle, où l'on a observé parfois des scènes ahurissantes entre les tout-petits à la récréation. Et il n'existe aucun moyen efficace d'intervention autre que de changer d'établissement un élève perturbateur et violent. Encore ceci ne s'opère-t-il que dans des cas forts limités, au point que le plus souvent ce sont les parents des petites victimes qui sont obligés d'inscrire leurs enfants ailleurs, notamment dans le privé. Cette violence plus ou moins omniprésente a une conséquence générale importante pour notre école : elle a brisé la confiance que les parents lui portaient. Jadis, lorsqu'on déposait son enfant à la porte d'un établissement, fût-il du primaire ou du secondaire, on savait qu'il était en lieu sûr, car les professeurs avaient les moyens d'y maintenir l'ordre indispensable à une instruction efficace. Aujourd'hui, dans beaucoup d'endroits (et de plus en plus nombreux), les parents n'ont aucune assurance de revoir leurs enfants en parfaite santé le soir. Il ne s'agit pas seulement du calme qui devrait régner en cours et que rien ne garantit plus si l'enseignant ne jouit pas d'une autorité naturelle, mais aussi des influences dans les jeux pratiqués pendant les interclasses et qui, chacun le sait, peuvent aller jusqu'à provoquer des suicides (jeu du foulard et tant d'autres). Or il est inadmissible que les maîtres aient été dépossédés de l'autorité nécessaire pour faire régner l'ordre à l'école et assurer la sécurité de leurs élèves.

Si l'école est ainsi devenue le lieu où s'exerce la loi du plus fort, ce n'est pourtant point elle qui a généré cette violence. Le mal qui la gangrène ainsi est importé de l'extérieur. Les pédagogistes ont beau chanter les vertus de l'égalitarisme, personne ne pourra faire en sorte que tous les établissements présentent le même profil. Les quartiers dans lesquels ils sont implantés déterminent grandement l'atmosphère qui y règne, et celle-ci colle au comportement des jeunes comme la glaise à la semelle des souliers. Il est illusoire de penser atténuer la violence en « délocalisant » les élèves dans des établissements plus lointains, par exemple de centre-ville, car ce sont eux qui apportent leur violence et, s'ils sont en nombre important, transformeront lesdits établissements en collèges ou lycées de zone sensible. La politique actuelle qui consiste à vouloir placer dans les « bons » lycées des élèves venus des quartiers défavorisés ne peut donner que de médiocres résultats, et encore à la condition que ceux qui y sont envoyés soient en nombre modéré afin de se trouver entraînés par la majorité des autres.

Cette violence s'exprime à des degrés divers mais produit parfois des effets étonnants : que penser de ce lycée technique du Val-de-Marne dans lequel le professeur de philosophie doit demander à ses élèves de terminale leur permission pour entrer dans la salle de cours ? Le jour où les jeunes n'ont pas envie de travailler (ce qui n'est pas forcément rare), ils renvoient le professeur chez lui sans que la direction de l'établissement puisse trouver à y redire ! Nous connaissions le cas éventuel de professeurs qui mettent un élève à la porte, mais aujourd'hui l'inverse est aussi vrai. Encore ne s'agit-il là que d'un acte bénin. Combien de professeurs, notamment dans les collèges des « quartiers » sont tout simplement empêchés de faire cours. Voici déjà longtemps, une de mes stagiaires avait été nommée dans un collège de ce genre et devait affronter des élèves de sixième. Elle me disait que tous ses efforts se résumaient à tenter de les faire asseoir. Elle se faisait injurier chaque semaine et devait faire cours (au rez-de-chaussée) rideaux baissés pour la bonne raison que ses élèves ouvraient les fenêtres, par lesquelles volaient nombre d'objets hétéroclites au risque de blesser tel ou tel. Parfois, il ne s'agit pas seulement de chahuts plus ou moins organisés. Les règles peuvent se trouver dictées par quelques élèves religieusement conditionnés qui imposent, par exemple, les tenues vestimentaires, principalement pour les filles, et qui peuvent se transformer en tribunal religieux, à l'insu des professeurs, pour châtier celle ou celui qui leur désobéit.

Les professeurs n'ont aucun moyen de remplacer les parents et ceux-ci sont le plus souvent fort démunis, surtout lorsque leur culture ne les a pas habitués à vivre dans nos cités de banlieue. Je pense particulièrement aux jeunes d'Afrique du Nord puisque, au bled, l'éducation des enfants est fréquemment commune, que tout le monde les connaît et qu'ils sont ainsi placés sous une surveillance générale. Dans nos HLM, les mères se sentent bien seules, et leurs enfants, souvent livrés à eux-mêmes, ont des fréquentations qui ne les conduisent guère dans la voie de la socialisation. La question de la drogue, par exemple, est particulièrement posée dans ces cités, et le pouvoir des bandes qui mènent parfois de véritables guérillas prend le dessus sur l'autorité parentale. Lorsque j'étais au grand lycée de Corbeil-Essonnes, juste en face de la cité des Tarterêts, j'ai pu assister à la déscolarisation de certains élèves sous l'influence même de la bande des Tarterêts, et il n'était pas rare que les gendarmes, le lundi matin, vinssent enquêter pour obtenir des témoignages sur les rixes qui avaient opposé les bandes locales pendant le week-end quand il y avait eu des morts. Est-il utile de préciser qu'ils repartaient bredouilles ? Je me souviens avoir eu ainsi à expliquer un jour à des parents « la géographie » de l'établissement. Le ministère avait en effet décidé d'une demi-journée banalisée afin que les parents prissent connaissance du lycée de leurs enfants. J'y suis allé franchement. Je les ai avertis que, pour acheter des drogues douces, il suffisait de se rendre dans tel bâtiment, à telle porte ; pour les drogues dures, on en trouvait à une autre porte ; j'ai ajouté que, pour avoir des préservatifs, il convenait de se rendre dans un autre bâtiment au rez-de-chaussée, et que, pour les utiliser, on restait dans le même bloc, mais cela se passait au quatrième étage. J'ai bien senti que l'auditoire était quelque peu déstabilisé ! Le proviseur, qui était un ami, m'a dit que je n'y étais pas allé de main morte. Je lui ai alors demandé si j'avais proféré une bêtise. « Non, bien sûr ! » m'a-t-il répondu. Et il ne faut pas croire que rien n'était mis en place pour lutter contre les dealers, mais c'est un travail de longue haleine, qui a d'ailleurs porté ses fruits puisque, bientôt, on ne trouva plus de drogues dures à l'intérieur de l'établissement. En revanche, il fut beaucoup plus difficile d'éradiquer le commerce en tout genre qui s'effectuait à longueur d'année sous l'égide d'une bande de nos élèves. Ces marchands dans l'âme ne se contentaient pas de fournir à petits prix leurs camarades en matériel scolaire, ils proposaient tout et n'importe quoi, des baskets à la mode

« tombées du camion » jusqu'aux combinaisons de ski, utiles l'hiver pour aller passer une semaine à Molines-en-Queyras, où le foyer du lycée était propriétaire d'un grand chalet aménagé dans lequel séjournaient nos classes à tour de rôle tout au long de l'hiver.

Parfois, ce sont les parents eux-mêmes qui développaient devant leurs enfants une violence extrême. Un jour, le père d'un garçon de 15 ans a ainsi découpé sa mère devant ses propres yeux à l'aide d'une tronçonneuse dans leur appartement. Le sang avait giclé dans toutes les directions et tapissé les murs de la pièce. Le père a naturellement été arrêté par la police, et l'enfant s'est retrouvé sans foyer. Qu'on le veuille ou non, ce ne sont pas des situations que l'on retrouve dans les beaux quartiers. On ne s'étonnera donc pas que, très tôt, les jeunes soient habitués à manier des armes, et qu'il leur arrive de les apporter au lycée. Le souvenir d'une rentrée scolaire : le premier cours devait avoir lieu avec les secondes années de BTS que je connaissais déjà de l'année précédente ; j'arrive directement dans leur bâtiment et les vois quasiment hagards ; je m'enquiers des raisons de cette stupeur générale, espérant en plaisantant qu'elle n'était pas causée par la rentrée ; l'un d'eux me répond : « Vous n'avez pas vu, monsieur, ce qui vient de se passer sous le préau ? Un garçon de terminale a voulu voler le portefeuille d'un autre ; ce dernier a sorti un revolver, mais heureusement un de ses camarades, placé derrière lui, a eu le réflexe de lui donner un grand coup dans le coude ; la balle est partie dans le plafond… » Ce genre d'événements, sans être fréquent, n'était pas non plus rarissime. Le lycée était ouvert sur la ville comme le voulait la nouvelle théorie de nos démagogues. De fait, il arrivait qu'une personne étrangère à l'établissement entrât avec un fusil en tirant un peu dans toutes les directions. Un jour une élève de seconde a été ainsi légèrement touchée à l'oreille. Nous assistions de temps en temps à des intrusions de la bande des Tarterêts qui venait régler ses comptes. Je revois encore la tête du professeur d'espagnol, dont la salle se trouvait au rez-de-chaussée, qui a vu arriver cette horde « sauvageonne » ; elle n'est pas entrée par la porte, c'eût été trop simple, mais par la fenêtre en brisant vitres et linteaux ; les attaquants n'ont fait de mal à personne mais ont fondu sur un élève de terminale qui n'avait pas payé sa drogue ; ils lui ont réglé son compte avant de repartir par le même chemin ; le temps de reprendre nos esprits, nous n'avions plus qu'à conduire à l'hôpital la pauvre victime qui était dans le coma. Ce ne fut pas un cas unique. Le plus amusant consistait pour ces « sauvageons » à opérer un lâcher de pit-bulls dans la cour à l'heure de la récréation. Je n'ai jamais vu de moyens plus efficaces pour faire rentrer les élèves en cours : en une poignée de secondes les pauvres bêtes se retrouvaient entre elles à se regarder... en chiens de faïence. Il m'arrivait aussi, lorsqu'une bagarre éclatait dans la cour, de descendre pour tenter de séparer les belligérants. La CPE des premières se contentait de me regarder par la fenêtre en disant : « Tiens ! Voilà le professeur de latin qui descend dans l'arène ! » Je dois à la vérité de dire que je n'ai jamais été inquiété par les jeunes du lycée. J'avais pris l'habitude de conclure, après chaque « coup » : « Il n'y a pas de mort ? Alors tout va bien ! »

Cette violence, qui s'est généralisée depuis quelques années et qui prospère sur le terreau du laxisme de l'Éducation nationale, se manifeste de nombreuses façons même au sein des classes où les leaders, que l'on nomme les « populaires » et qui sont généralement les cancres (car la mode est à la royauté du cancre), font la loi, allant parfois jusqu'à menacer physiquement les professeurs. J'ai déjà évoqué ce proviseur adjoint qui a commencé sa carrière comme professeur de philosophie dans un lycée de Seine-Saint-Denis. Il me disait que la police avait autorisé les enseignants à griller les feux rouges au premier carrefour proche de la sortie de l'établissement (à condition évidemment de s'assurer que la voie était libre) afin d'éviter d'être la cible des bandes locales, dont on sait qu'elles n'ont rien oublié du temps où l'on attaquait les diligences. Cela fait déjà longtemps que certaines têtes brûlées viennent au lycée avec une arme. Je me souviens avoir lu dans un grand quotidien voici plus de vingt ans le récit d'un élève du lycée de Creil qui venait en cours avec un fusil et qui parfois tirait à droite ou à gauche, ou encore l'histoire de cette collègue de mathématiques dans un lycée professionnel qui, alors qu'elle écrivait au tableau, eut la stupeur de voir soudain un couteau se planter à côté de sa main. Elle se rendit immédiatement chez le chef d'établissement qui ne se départit point de sa placidité et lui rétorqua simplement : « Il aurait pu viser plus mal ! » Ce fut la seule réaction du proviseur et l'élève n'encourut aucune sanction. Des anecdotes semblables auxquelles s'adjoignent celles d'insultes variées envers les enseignants sont légion. Cette violence montre assez que l'école ne convient pas à tous les jeunes de la même façon et qu'elle ne répond pas à leur attente.

Il existe naturellement plusieurs explications à ce phénomène. La première réside sans doute dans l'absence d'une autorité de l'institution qui s'est privée de tous les moyens d'apprendre aux jeunes à suivre la règle, à l'exception de beaux discours dont on les abreuve mais qui trouvent rapidement leurs limites face à certains individus déterminés. La deuxième concerne les parcours insuffisamment diversifiés que l'Éducation nationale leur propose au nom d'un égalitarisme qui veut qu'aucune tête ne dépasse et qui, malgré des propos généreux, tient à renforcer l'idée qu'il existe des voies nobles et d'autres qui le sont moins. Une troisième explication (qui n'est pas la moindre) tient dans le multiculturalisme, que l'on a favorisé notamment dans les banlieues et qui a créé de véritables zones de ghetto où les plus forts font régner leur loi au mépris de celles de la République. Et il est inutile de dire le contraire, ces « communautés » s'en vantent elles-mêmes haut et fort. Les enseignants ne peuvent rien faire quand ces déracinés sont en grand nombre et refusent catégoriquement la culture qui leur est proposée parce qu'elle contrevient, selon eux, à la leur propre. De surcroît, ces questions culturelles se renforcent des inégalités sociales, qui sont durement ressenties dans certains territoires.

D'une manière plus générale, le malaise de l'école trouve sa source dans la société et particulièrement dans les difficultés de plus en plus importantes que rencontrent les parents dans l'éducation de leurs enfants. D'après un sondage BVA de mai 2017, près d'un parent sur deux en France déclare avoir du mal à éduquer son rejeton. Dans les foyers aussi, l'autorité parentale n'est plus que l'ombre d'elle-même. L'enfant devenu roi a l'habitude de faire ce qu'il veut, de parler plus haut et plus fort que tout le monde, d'imposer son rythme de vie, ses goûts et d'être en permanence encensé. À la différence de ce qui se pratique dans les pays nordiques dès le plus jeune âge, les rénovateurs du système éducatif ont condamné la sanction, et même la critique à l'égard de l'enfant. Il est toujours félicité, quand bien même il produirait un gribouillage raté. On comprend qu'il est alors très difficile pour lui de tenir compte des autres à l'école et d'écouter le maître ou la maîtresse qui a le plus grand mal à se faire entendre. Ces difficultés commencent très tôt et ont tendance à se poursuivre au collège et au lycée. Les jeunes admettent difficilement les remarques, voire les notes qu'ils jugent insuffisantes. Obtenir dix sur vingt leur semble par exemple une infamie et, généralement très satisfaits de ce qu'ils ont produit, ils n'hésitent pas à réclamer ce qu'ils estiment leur dû. Ils sont aussi souvent soutenus dans leurs revendications par des parents qui se plaignent en haut lieu, viennent parfois trouver l'enseignant et, exceptionnellement, exercer sur lui des sévices physiques. Voici trois ou quatre ans, on a même vu la mère d'un jeune enfant tuer l'institutrice. Plus généralement, les parents viennent du haut de leur dédain tancer le maître, voire le menacer. Un dessin humoristique a fait longtemps florès dans la salle des professeurs de mon dernier lycée ; on y voyait deux scènes quasiment identiques à cinquante ans de distance. Celle de gauche, en noir et blanc, datée des années cinquante, représentait un père et une mère avec leur rejeton face à la maîtresse d'école qui tenait le bulletin de notes sur lequel s'étalaient de piètres résultats (2 en français, 1 en mathématiques, etc.). Le père, furieux, regardait son fils, la mine basse, en lui posant cette question : « Qu'est-ce que c'est que ces notes ? » La figure de droite, en couleurs, montrait la même scène et le même bulletin de notes au début de notre siècle, avec cette différence que, cette fois-ci, le fils prenait l'air insolent tandis que la maîtresse baissait le nez, car la même question était posée par le père, mais à l'institutrice. Ce double dessin offrait l'avantage de bien montrer l'évolution en un demi-siècle, car bien peu de parents aujourd'hui critiquent les résultats scolaires de leurs enfants en les en rendant responsables. Ils n'osent plus le faire, car il arrive qu'ils les craignent. En quarante ans d'exercice, je n'ai (heureusement) jamais rencontré de jeunes qui avaient peur de leurs parents, mais j'ai quelquefois vu l'inverse. Tout le monde connaît le numéro de téléphone de SOS enfants battus, mais il faut savoir qu'il existe aussi un numéro pour aider les parents battus. En vérité, comme l'ont parfois expliqué certains pères et mères, ils n'osent rien dire parce qu'ils craignent que leurs enfants ne les aiment plus. De pareils aveux me bouleversent tant ils sont pathétiques. Ces parents démunis à qui personne n'a appris que l'éducation d'un enfant commençait au berceau ne savent plus comment s'y prendre lorsqu'il est devenu un grand adolescent. Je n'ai jamais osé leur dire qu'il était trop tard, mais je l'ai souvent pensé. L'enfant roi est devenu un ado tyran. Je me souviens par exemple de cette mère qui élevait seule sa fille de 16 ans, une superbe jeune fille bien développée, et qui un jour me demandait mon avis sur ce qu'il conviendrait de faire : sa fille quittait l'appartement le soir vers 23 heures sans dire à sa mère où elle se rendait et partait mener sa vie dans Paris pour rentrer vers 4 heures du matin. La pauvre mère passait les nuits dans l'angoisse (et l'on imagine les dangers que pouvait courir la gamine) mais n'osait intervenir par peur de représailles. Ahuri, je lui ai simplement demandé si son appartement était muni d'une porte et, puisque tel était le cas, je lui ai conseillé de la fermer à double tour en montrant son autorité. Mais je suis sûr qu'elle ne l'a pas fait. En revanche, cette mère, déléguée de parents d'élèves, assistait au conseil de classe et ne manquait pas de donner aux professeurs, avec une certaine arrogance, des conseils sur la pédagogie à suivre. S'imaginait-elle que les professeurs l'écouteraient mieux que sa propre fille ? Parmi les cas extrêmes, j'ai encore en mémoire celui de ces jumeaux, d'environ 17 ans, qui vivaient dans une famille cultivée (le père enseignait à l'université). Les deux garçons se haïssaient au point qu'ils n'échangeaient aucune parole, ni chez eux ni à l'extérieur. Le père m'apprit que lui-même ne pouvait chez lui adresser la parole à ses fils sans déclencher de véritables tsunamis. Il me raconta qu'un jour où il s'était adressé à eux, ceux-ci avaient fondu sur son ordinateur et l'avaient mis en pièce. Seule la mère pouvait parfois se hasarder à faire une remarque. Et encore ! Un soir où elle avait dit quelque chose à l'un d'eux, ce dernier quitta aussitôt l'appartement et se rendit au commissariat le plus proche pour porter plainte contre ses parents. Les policiers ont bien ri et l'ont renvoyé chez lui. À peine rentré, il s'est dirigé dans la cuisine et a fracassé la moitié de la vaisselle sur le carrelage. Là encore, mon seul conseil a été de placer ces chers bambins dans des internats différents afin de ramener un peu de sérénité au sein de la famille ; mais les parents n'ont pas été séduits par cette idée, car ils craignaient une rupture définitive avec leurs enfants. Heureusement, le plus souvent, les difficultés relationnelles entre parents et enfants sont d'un ordre plus léger. Mais je remarque qu'en général elles ont pour origine un manque d'autorité et aussi de dialogue qui remonte à la plus petite enfance. Qui n'a jamais vu dans un supermarché les parents céder rapidement aux instances des enfants ? Il en va exactement de même à la maison, et donc à l'école. Ceux qui ont, avec bienveillance et fermeté, conduit l'éducation de leurs enfants depuis leur naissance (mais il est vrai qu'il faut beaucoup de constance et de patience !) ne savent pas l'immense cadeau qu'ils leur ont fait, car les jeunes qui ont reçu cette éducation sont prêts à suivre avec un maximum de profit l'enseignement que nous leur proposons. Et pour commencer ils ne refusent pas le travail, habitués qu'ils sont à obéir.

Le travail est en effet l'un des plus forts gros mots que l'on puisse prononcer à l'école. Je veux bien reconnaître qu'il n'est pas naturel, mais les adolescents sont rarement prêts à admettre qu'il est nécessaire pour réussir. Il est vrai que les méthodes prônées par nos démagogues ont tout fait pour le faire oublier. Il ne faut plus donner de devoirs, il ne faut jamais contraindre un enfant mais le laisser vivre à son rythme, etc. Ces douces préconisations fleurent bon un idéal qui malheureusement se situe à mille lieues des exigences de la vie contemporaine des adultes. Il serait temps que l'école apprenne à affronter cette vie de manière progressive, sans brutalité certes, mais avec fermeté. Il est trop facile, au nom d'une idéologie, de laisser vivre nos jeunes dans le monde de Oui-Oui sans se préoccuper des contraintes auxquelles ils vont être confrontés par la suite. Loin d'apprendre à travailler, les jeunes s'épanouissent dans cette culture du loisir qui caractérise notre époque. Ce qui les fatigue est moins le travail scolaire que le temps libre. N'importe quel professeur vous dira que les élèves sont épuisés au retour des vacances, voire chaque lundi matin. Ils se couchent très tard et dorment peu. Une récente enquête a montré que les collégiens passaient chaque nuit en moyenne plus de deux heures à échanger des messages et à tchatcher avec leurs camarades. Pendant ce temps, les parents les croient endormis, mais ils se gardent bien de confisquer les téléphones portables pour la nuit. J'ai même vu à plusieurs reprises des jeunes tomber endormis sur leur table à 8 heures du matin avant même de commencer un cours. C'est une banalité de dire qu'ils sont trop sollicités par des activités ludiques variées (notamment par les jeux vidéo) et que pour eux, ce que l'on fait au lycée paraît très éloigné de leur vie, sans prendre conscience que leur propre vie est elle-même à mille lieues de la réalité du quotidien. Un fait intéressant montre bien cette évolution : en 1968, les lycéens faisaient beaucoup de politique, lisaient les journaux et débattaient avec passion (en disant d'ailleurs beaucoup d'âneries !) ; aujourd'hui, je l'ai encore remarqué cette année, les campagnes électorales n'en intéressent que très peu, et encore bien médiocrement. Sans doute est-ce en raison du désintéressement du monde comme il va qu'ils se sont repliés dans le virtuel. L'importance que prend à leurs yeux ce monde virtuel explique en grande partie leur désintérêt pour le travail scolaire. Il faut y ajouter un lieu commun qui s'est largement installé dans la société et qui consiste à considérer que, par principe, on n'aime pas l'école. Combien de fois a-t-on entendu des journalistes interroger des enfants à la veille de la rentrée et leur faire dire (car il est facile de tout faire dire à des enfants) qu'ils préfèrent les vacances à l'école, et même leur faire préciser : « J'aime pas l'école ! » Ce préjugé s'installe facilement dans leurs jeunes esprits, et c'est convaincus de ce désamour qu'ils reprennent le chemin de leur établissement. Pour certains parents même, l'école peut devenir une empêcheuse de tourner en rond, si par exemple, en raison des cours du samedi, elle empêche la famille de partir en week-end. Pour beaucoup (et c'est malheureusement le cas dans les familles les plus modestes tant les enfants sont nombreux et deviennent difficiles à supporter), l'école, le collège, voire le lycée sont avant tout des garderies et le moyen de se débarrasser de sa progéniture pour souffler un peu. C'est ainsi que l'on peut voir, même en terminale, des élèves qui sèchent régulièrement les cours parce qu'ils ont un rendez-vous médical. Celui-ci pourrait être placé pendant les demi-journées de liberté, mais alors quand ferait-on les courses ?

L'absentéisme, dont on parle trop peu, devient, dans certains établissements, un véritable fléau qu'il est impossible d'endiguer. Régulièrement, il est proposé de menacer de supprimer aux familles les allocations mais, pour des raisons évidemment électorales, la décision n'est jamais prise ; et, lorsqu'elle l'est, ici ou là, elle est aussitôt levée dès que l'enfant revient même partiellement en classe. Il faut savoir que, dans la plupart des lycées, les effectifs de terminale fondent comme neige au soleil au troisième trimestre. Le prétexte tient dans la révision du baccalauréat, mais souvent la réalité est tout autre. Je me souviens d'un collègue remplaçant en économie que j'avais rencontré lors d'épreuves du baccalauréat et qui avait pris en charge une classe de terminale technologique pendant les trois derniers mois de l'année. Pour lui faire la conversation, je lui demande si l'effectif de sa classe était chargé. Imaginez ma stupéfaction quand il me répond : « Je l'ignore ! Je n'ai jamais vu en cours qu'une dizaine d'élèves. » Et d'ajouter : « Et encore, quand je suis arrivé, l'un d'eux gardait pendant le cours ses écouteurs rivés aux oreilles. Je lui ai demandé de les enlever et il m'a répondu : "Ouais, mais je me fais ch..." » Cet absentéisme chronique n'est pas seulement le fait des élèves de terminale, il perturbe également l'année scolaire à tous les niveaux et touche particulièrement les établissements défavorisés dont l'enseignement ne répond absolument pas à l'attente ni à l'intérêt des élèves. Il est particulièrement important dans certains collèges. Je me souviens d'un reportage dans lequel une journaliste interrogeait des gamins de 12-13 ans que la police avait arrêtés parce qu'ils aidaient leurs aînés à cambrioler des villas en banlieue (leur taille fine leur permettait de se glisser plus facilement par les soupiraux !). Et cette journaliste leur demanda quel était le moment le plus propice pour se livrer à leurs forfaits. La réponse avait fusé avec une étonnante franchise : « Pendant les heures de cours ! » Mais là encore les professeurs et les administrations des établissements ne disposent plus d'aucun recours disciplinaire pour remédier à cet état de fait. Finalement, je confesse ma grande admiration pour ceux de mes élèves qui sont assidus et font des efforts alors qu'ils savent pertinemment qu'il ne leur arrivera rien s'ils vont se promener à l'heure des cours ou s'ils ne font pas leur travail. Combien d'adultes auraient cette vertu en sachant qu'ils pourraient se dispenser de leur tâche en toute impunité ?

Le précédent président de la République s'était interrogé en arrivant au pouvoir en 2012 sur l'avenir de la jeunesse : les jeunes vivraient-ils mieux à la fin de son quinquennat en 2017 ? Certes la première condition de cette amélioration eût été que le chômage baissât pour leur laisser une place dans la société, mais nous savons que l'incompétence du chef de l'État a eu pour conséquence l'effet inverse. Toutefois, ce n'est pas cet aspect politique qui retient mon attention mais l'aspect social. Or, de ce point de vue, il faut bien reconnaître que le clivage qui s'est encore accentué ces dernières années entre les diverses catégories de la société en renforçant les extrêmes s'est répercuté au lycée et à l'université en perturbant gravement ce que nos démagogues nomment avec pompe « le vivre ensemble ». Le fanatisme qui découle de l'exaspération ambiante a trouvé un terreau favorable, même chez les jeunes qui sont peu politisés. La religion est apparue comme un ferment de division entre les adolescents issus des territoires dits perdus de la République sous la bannière d'un salafisme intransigeant et dangereux, et ceux qui sont plus intégrés dans la vie sociale et qui, par réaction, sont tentés par un traditionalisme qui confine souvent à l'extrême droite. Et comme les jeunes connaissent rarement la demi-mesure, les engagements et les affrontements se multiplient entre ces deux pôles, écrasant entre eux ceux qui n'appartiennent ni à l'un ni à l'autre. De ce point de vue, et dans certains établissements, c'est un véritable terrorisme qui s'exerce, doublé d'un antagonisme musclé. Et si précisément la situation a empiré, il faut en tenir rigueur aux pédagogistes du ministère dont l'essentiel de l'action a consisté à vider de sa substance le contenu de notre enseignement alors même que son renforcement eût peut-être aidé à lutter contre ces dérives.

Comment s'étonner alors que de nombreux jeunes estiment ne plus avoir leur place dans notre société et ne rêvent que de partir trouver un travail à l'étranger ? Une telle démarche ne s'explique pas seulement par une volonté de fuir le chômage mais aussi par un véritable malaise qui, s'amplifiant dans la société, trouve au lycée et à l'université un terrain fertile à sa prospérité. Prenons un exemple : un jour en fin d'après-midi, quelqu'un sonne à ma porte. En ouvrant, j'ai la surprise de découvrir un de mes étudiants, 22 ans, qui prépare une licence de lettres classiques. Il a l'air bouleversé et m'explique qu'il ne supporte plus la situation et désire partir en Australie pour chercher un travail. Il est même passé par l'ambassade retirer un dossier et c'est auprès de moi qu'il vient solliciter une aide pour le remplir. Mais j'ai rapidement compris que sa visite masquait en réalité un appel au secours, et il m'a fallu six bonnes heures de discussion, de réflexions partagées pour arriver à lui faire comprendre qu'il s'embarquerait sans biscuits et ne trouverait donc certainement pas satisfaction à l'autre bout du monde même si, c'est bien connu, l'herbe est toujours plus verte dans le pré du voisin. Je rassure le lecteur, vu l'heure tardive, nous avons quand même pris la peine de casser ensemble une petite graine pour réalimenter nos neurones. J'ai été, je dois le dire, très touché par le désarroi de ce grand garçon qui se sentait pris comme dans un étau dans notre société divisée et ne savait plus comment s'échapper.

Puisque j'évoque les troubles de ces jeunes, je dois dire qu'ils confirment bien le fait que l'adolescence n'est pas le plus bel âge de la vie. Certes les ados ont moins de difficultés pratiques que les adultes, moins de contraintes aussi en apparence, mais ils ont beaucoup de mal à grandir et à passer du monde virtuel à celui de la réalité. Ils se sont souvent adressés à moi pour me demander une aide, et la confiance qu'ils m'ont accordée m'obligeait à leur répondre avec efficacité. Trop souvent les enseignants se contentent de belles paroles, et le ministère nous invite d'ailleurs à former des citoyens. C'est en effet important, mais à ceux qui réclament une assistance concrète, il faut répondre présent. Je ne veux citer ici que deux ou trois exemples parmi ceux qui m'ont le plus marqué. Je me souviens de cette fille de terminale venue me trouver un soir après les cours parce qu'elle était enceinte et que ses parents devaient l'ignorer sans quoi elle risquait d'être mise à la porte de chez elle. Tous les parents ne badinent pas avec la morale ! J'ai évidemment vérifié la véracité de son affirmation et, après avoir rencontré son père sous un prétexte quelconque, en amenant la discussion sur ce terrain, j'ai vite réalisé qu'elle n'avait pas forcé le trait. Elle appelait au secours et nous n'en étions plus au stade des belles paroles. Avec l'aide d'une collègue dont le mari était médecin, nous avons fait ce qu'il fallait, c'est-à-dire ce que souhaitait cette jeune fille, sans que la famille en eût connaissance, lui permettant ensuite de continuer ses études dans le confort du cadre familial. Certes, elle était majeure, mais il n'empêche que les grands adolescents ont souvent besoin d'être accompagnés. J'ai connu le même cas un peu plus tard, mais cette fois-ci j'ai réussi à convaincre les parents, qui ont bien accueilli l'enfant à la condition que leur fille se marie, ce qui fut fait… Tous les parents ne sont pas compréhensifs et réagissent parfois de curieuse manière. Ainsi, un jour, une jeune chinoise de 16 ans vient me trouver, en me demandant le secret, pour me dire qu'elle était enceinte d'un sien copain d'une vingtaine d'années, qu'ils estimaient tous les deux que c'était trop tôt pour fonder une famille et que, avec l'accord de ses parents, elle allait se faire avorter. J'ai rencontré sa mère et en effet, en bonne intelligence, avec courage, cette adolescente a avorté sans séquelles psychologiques apparentes. Je lui avais quand même demandé pourquoi elle n'utilisait pas de préservatifs, et elle m'avait répondu avec une naïveté désarmante : « Je croyais que cela n'arrive qu'aux autres. » Peu après, nous effectuions un voyage de classe et elle était toute fière de me montrer la pilule qu'elle utilisait ! Le cocasse de l'histoire tient dans sa suite. L'année suivante, elle retombe enceinte. Je m'étonne et lui demande ce qu'elle a fait de sa pilule ; elle me répond avec un large sourire qu'elle avait changé de petit copain et que sa mère, qui n'appréciait pas le nouveau, pour la punir, lui avait confisqué sa boîte de contraceptifs ! Bilan : un second avortement, tout aussi bien supporté que le premier. Je l'ai quand même avertie qu'elle ne pourrait pas poursuivre pendant longtemps ce petit divertissement annuel.

Parfois, les jeunes s'adressent à leur professeur comme l'on s'accroche à une bouée de sauvetage, tel ce garçon de 16 ou 17 ans qui avait une bonne amie de dix ans plus vieille que lui et qui, parti la rejoindre un beau soir, n'osait plus rentrer chez lui parce que son père avait découvert le pot aux roses. Il m'a appelé à 3 h 30 du matin, totalement désemparé et sans savoir où aller. Je lui ai demandé où il se trouvait et suis allé le récupérer pour le ramener chez moi. Le lendemain, je l'ai moi-même conduit au lycée et suis allé voir ses parents pour calmer son paternel afin qu'il puisse rentrer chez lui le soir. C'est une illustration des « multiples talents » (comme l'a dit un jour un de mes jeunes) dont je crois qu'un professeur doit savoir faire preuve. La situation peut s'avérer plus délicate. Je pense à cet adolescent qui est venu un jour, en catimini, me parler de son homosexualité (toujours très mal vue dans un lycée) parce qu'il avait peur qu'elle soit découverte et il redoutait les conséquences. Là, c'est un travail de diplomatie et de psychologie qui peut permettre d'apaiser les craintes et les tensions. Ces quelques exemples montrent toute la fragilité de l'adolescence et aussi combien notre métier est important et passionnant si l'on veut bien considérer que l'on s'adresse à de jeunes humains, et qu'on leur doit d'abord cette humanité. Sans vouloir en tirer vanité, je peux dire que j'ai été ému par la remarque que m'a faite une inspectrice d'académie qui représentait le recteur aux obsèques d'un de mes gamins. Ce sont toujours des moments douloureux, en particulier pour les camarades du défunt. J'avais préféré rester parmi mes jeunes, dont la plupart étaient en larmes, les entourant, les réconfortant et les prenant dans mes bras. À l'issue de la cérémonie, cette inspectrice qui ne me connaissait pas m'a dit ceci : « Vous offrez à vos jeunes l'image d'une belle figure paternelle. » Je sais que certains démagogues ricaneraient à cette idée, mais je préfère penser que c'est effectivement dans ce rôle que j'exerce le plus efficacement mon métier.

4

Des programmes

A-t-il existé un seul ministre de l'Éducation nationale qui n'ait voulu marquer son passage rue de Grenelle par une réforme ? Certaines furent modestes, d'autres retentissantes. Chacun se souvient de l'instauration du collège unique en 1975, de la volonté affirmée de 80 % d'une classe d'âge au baccalauréat, de la tentative (avortée) de faire travailler les professeurs trente-cinq heures dans l'établissement, de modifier les horaires de chaque discipline, de réformer l'orientation, de revoir les contenus de chaque matière, d'imaginer des travaux interdisciplinaires, de tendre vers le tout numérique ou encore de vouloir faire subir un régime aux règles orthographiques (qu'apparemment notre dernier ministre maîtrisait assez mal). Ces quelques réformes et toutes les autres, souvent déballées avant même que la précédente soit pleinement mise en place, n'ont créé que confusion, malaise, exaspération et conflits. Tout le contraire de ce qui serait nécessaire afin de protéger la sérénité dont l'école a besoin pour transmettre un savoir à nos jeunes.

Il est vrai, nous l'avons dit, que l'objectif de l'école ne réside plus dans cette transmission. Il faut épater, amuser, éblouir et surtout, pour un ministre, laisser son nom dans l'histoire. Si la faute se résumait à ce péché d'orgueil, ce serait presque un moindre mal. Mais il ne faut pas oublier que l'acharnement exercé notamment pendant ce dernier quinquennat répond à une autre volonté, idéologique celle-ci, de tout faire pour favoriser une discrimination sociale sous couvert d'une recherche d'égalité entre les jeunes dont nous avons dit qu'il ne s'agissait en réalité que d'égalitarisme. La belle hypocrisie ! Comment expliquer que depuis une trentaine d'années, et ceci quelle que soit la couleur du gouvernement parce que ce sont les mêmes pédagogistes qui tiennent les manettes, les programmes et l'organisation des cours aient été progressivement dépossédés de leur contenu, laissant ainsi à l'enseignement privé le soin de nourrir intellectuellement une élite que l'on distingue aujourd'hui nettement des élèves du public. Non ! Il ne s'agit pas d'élucubrations gratuites et infondées. Il suffit d'avoir interrogé au baccalauréat, en français, des élèves venant de nombreux et réputés lycées privés, qui n'hésitent pas à renvoyer (ou refusent de présenter au bac) ceux qui sont jugés fainéants ou trouble-fête, pour faire la différence avec le gros de la troupe de nos établissements publics. Et il ne s'agit pas d'une mince différence. Les premiers, outre une correction appréciable dans leur tenue, font montre de connaissances étonnamment plus développées et mieux maîtrisées que les seconds. J'excepte naturellement quelques éléments venus des meilleurs lycées parisiens qui ont souvent compensé les carences des programmes par des cours supplémentaires dans des organismes privés. Il est d'ailleurs bien connu que pour aborder ensuite des études difficiles comme celles de médecine, mieux vaut avoir suivi un enseignement complémentaire en parallèle si l'on veut espérer ne pas se trouver dans les 85 % qui échouent à l'issue de la première année. Il en va de même pour Sciences-po.

L'essentiel de toute réforme concerne d'abord les programmes et la pédagogie, ainsi que les rythmes scolaires. En 1989, un rapport signé Bourdieu, s'arrêtant sur l'évolution des programmes, proposait de donner toute sa place « à la créativité et à l'esprit d'invention. Ce qui implique, entre autres choses, que soient profondément transformés le contrôle de l'apprentissage et le mode d'évaluation des progrès accomplis. L'évaluation du niveau atteint ne devrait plus reposer seulement sur un examen lourd et aléatoire, mais devrait associer le contrôle continu à un examen final portant sur l'essentiel... » C'est au nom de principes comme celui-ci que l'on décidait de poursuivre la modification des contenus par un allégement substantiel destiné à rendre l'école « plus ludique ». Il s'agissait de remédier à l'ennui qui, paraît-il, rongeait les enfants pendant les cours. Il fut donc décidé de donner une part plus importante à l'oral et à la spontanéité au détriment de l'apprentissage et de la réflexion. Pour ne pas ennuyer les chers bambins, la seule solution consistait à rogner les heures fastidieuses consacrées aux fondamentaux et à renoncer tout simplement à ce qui constituait auparavant les apprentissages jugés obligatoires. C'est ainsi par exemple qu'il ne fut plus estimé indispensable d'apprendre les tables de multiplication. Comme le disait un inspecteur, il suffit de les afficher sur un mur de la classe et les enfants, d'eux-mêmes, ne manqueraient pas de se déplacer pour aller les mémoriser lorsqu'ils en sentiraient le besoin... Plus grave encore, en quelques années, le nombre d'heures de lecture à l'école primaire fut divisé par deux. Il y avait plus important à faire, organiser des sorties, se livrer à de passionnantes découvertes scientifiques par exemple. Je me refuse à croire que les auteurs de ces réformes aient pu ignorer l'importance que représente la lecture puisqu'il s'agit d'une compétence indispensable dans la vie en général et à l'école en particulier, s'appliquant à toutes les disciplines. Combien de fois ai-je vu des élèves de terminale obtenir une mauvaise note à leur devoir de mathématiques ou de physique simplement parce qu'ils n'avaient pas compris l'énoncé qui leur était soumis ? Or nous savons pertinemment que la maîtrise de la lecture ne s'apprend pas n'importe quand. Un élève de 15 ans qui n'en maîtrise pas les règles de base, ainsi que les règles de l'écriture ou du calcul, n'aura que peu de chances de pouvoir combler ses lacunes et son retard. Ajoutons que cette déficience de l'enseignement de la lecture pénalise les enfants issus des classes sociales les plus défavorisées et non pas ceux qui ont des parents capables de combler leurs lacunes ou de leur offrir un professeur à cette fin. De semblables réformes pénalisent donc les plus modestes et ne font qu'accroître les inégalités, qui perdureront tout au long de la scolarité alors même que leurs auteurs nous jettent aux yeux la poudre de l'égalitarisme. J'insiste sur la lecture parce qu'elle est à la base de tout. Le ministère reconnaît que près d'un quart des élèves entrant en sixième éprouvent de réelles difficultés à lire un texte. Or il est trop tard pour essayer de nous faire croire que les lacunes se combleront grâce à je ne sais quelles heures de soutien. D'ailleurs, les études montrent qu'ils sont toujours 25 % à connaître ces mêmes difficultés à l'entrée au lycée. Et avec la lecture il faut évoquer la très grave carence de vocabulaire qui en découle puisque l'apprentissage des mots et des nuances ne se fait plus en primaire et que les difficultés à déchiffrer un texte n'encouragent guère les jeunes à dévorer les romans de Balzac.

Mais il y a plus grave encore. Alors que nous étions un pays exemplaire dans toute l'Europe pour l'apprentissage des fondamentaux à l'école élémentaire au milieu du XXe siècle, nous avons rapidement perdu cette aura et nous sommes relégués dans les dernières places parce que la méthode d'apprentissage elle-même a créé des ravages rédhibitoires dans les jeunes cerveaux. La principale responsable est la méthode dite globale qui se veut une démarche inductive afin de ne pas « faire violence » à l'enfant. Celui-ci retient la forme des mots grâce à sa mémoire visuelle, et la lecture devient ainsi une devinette. Par exemple, dès le premier jour du cours préparatoire, on inscrit au tableau une phrase comme celle-ci : « Les hommes chassent le chevreuil dans la forêt. » Ainsi conditionnés, les petits retiennent certaines formes et, lorsque dans un texte se trouve le mot « cheval », il ne faudra pas s'étonner si un certain nombre d'entre eux disent « chevreuil ». D'autres réformes ont vu le jour sous les auspices de nos pédagogistes, mais peu ont survécu tant elles étaient parfois farfelues. Je me souviens par exemple d'une démarche de lecture proposée aux débutants pour apprendre à lire avec les yeux sans prononcer le texte tout haut. Elle nécessitait un petit matériel : il fallait placer un miroir contre sa trousse devant soi et mettre un objet dans sa bouche, par exemple une règle. Ainsi, l'enfant pouvait lire en toute autonomie, un œil sur son texte, l'autre sur le miroir pour vérifier qu'il ne prononçait pas les phrases à haute voix et, de toute manière, si tel avait été le cas, il s'en serait aperçu de suite puisque la règle serait tombée sur le livre. Monsieur de La Fontaine n'était sans doute pas très éloigné dans la mémoire du réformateur. Point d'affaire ! Il fallait changer, car il apparaissait impossible à nos brillants démagogues (qui n'avaient probablement jamais appris à lire à quiconque) que l'antique méthode syllabique ne soit pas remisée d'urgence au grenier des accessoires. Et cependant ! Qu'y pouvons-nous si notre langue est syllabique ? Sans doute une autre méthode serait-elle nécessaire si nous apprenions le chinois, mais le français issu du latin procède de manière déductive. Montrer à chaque enfant comment les mots s'assemblent par le rapprochement des syllabes, c'est leur donner la clé indispensable pour lire n'importe quelle phrase ; c'est leur donner la clé de la liberté. Ainsi commençait-on jadis par apprendre les sons, les voyelles et les consonnes (qui, comme le précisait le maître de philosophie de Monsieur Jourdain, « sonnent avec les voyelles »), puis le rapprochement de ces sons (p-a pa ; papa ; p-i pi ; p-o po ; pipo – le chien de papa...), et enfin cet assemblage des syllabes qui forment des mots, lesquels nous racontent une histoire. Cette vieille méthode offre de plus un autre avantage, celui de pouvoir déchiffrer n'importe quelle langue latine. Et les vieux instituteurs que Jules Ferry envoyait dans les campagnes pour sortir les pauvres de leur ignorance ne se doutaient pas que, depuis plus de deux mille ans, tous les maîtres d'école, à commencer par ceux des petits Romains, avaient usé avec succès de cette méthode. J'entends encore à la radio une « pédagogo » du ministère s'écrier avec mépris : « La méthode syllabique, c'est une méthode bourgeoise ! » La belle argumentation que voilà ! J'en suis resté coi. Et je me demandais ce que pouvaient avoir de « bourgeois » les hussards noirs de la République dépêchés au fin fond de nos provinces avec un bien maigre salaire. Toutefois, la réflexion est révélatrice. Elle montre combien la volonté de réformer les programmes et les méthodes répond à une idéologie dont j'ai déjà parlé, sans se soucier le moins du monde de ce qui peut être utile au plus grand nombre. Et pourtant les dommages sont importants. À l'université, je détectais immédiatement par quelle méthode de lecture les étudiants avaient appris à lire. Il suffisait que je demande à quelqu'un de lire un texte latin. Là, la méthode globale n'était plus d'aucun secours. L'étudiant s'embrouillait, n'arrivant pas à déchiffrer en assemblant correctement les syllabes. On imagine ce que pouvait donner la traduction d'un passage aussi mal compris ! Pour ne rien dire de la dyslexie qui, paraît-il, se trouve gravement accentuée chez ceux qui ont appris à lire de cette façon. Les résultats sont parlants : aujourd'hui, on considère officiellement que l'apprentissage de la lecture s'étale sur les cinq années du primaire (et encore ! nous l'avons dit, seuls trois élèves sur quatre y parviennent) ; jadis, avec la méthode syllabique, cet apprentissage se limitait au cours préparatoire et, dès le mois de janvier, le maître passait au livre de lecture courante. Trois ou quatre mois pour tout le monde (si l'on excepte de rares irréductibles) contre cinq ans actuellement. Personne n'a l'air de s'être dit qu'il y avait comme un défaut quelque part. Et qu'on ne vienne pas rétorquer aujourd'hui que les élèves ont beaucoup plus de mal qu'hier, ne serait-ce qu'à cause de la mixité sociale ou de l'origine étrangère de beaucoup d'entre eux. L'école primaire de Jules Ferry a toujours accueilli tout le monde, et l'immigration n'est pas une nouveauté. Qu'on se souvienne des Italiens, des Polonais, des Espagnols, des Portugais... En outre, les enfants d'aujourd'hui n'ont pas moins de capacités que ceux d'hier ; peut-être en ont-ils même plus, car elles sont développées par les moyens modernes de communication. Alors pourquoi cet échec cuisant, cette régression dans l'apprentissage quand nos voisins européens améliorent leurs résultats dans ce domaine ? J'accuse les pédagogistes d'avoir sacrifié nos enfants depuis plus de trente ans au nom de leur idéologie égalitariste et au mépris de la véritable égalité, celle d'une école humaniste dans laquelle la lecture est la première clé pour ouvrir la porte du progrès.

Mais le bulldozer ministériel ne se contente pas de saper les fondements de l'apprentissage. La langue française fait l'objet depuis de nombreuses années d'attaques répétées qui ont aujourd'hui porté leurs fruits. Déjà à la fin du siècle dernier, Ségolène Royal a préconisé dès l'école primaire une pratique accrue de l'oral au détriment de l'écrit jugé trop favorable aux enfants de milieux favorisés. L'oral, c'est-à-dire une totale spontanéité de l'expression, représentait pour la secrétaire d'État la garantie d'une égalité et d'une justice sociale. Les ministres de l'Éducation et de la Culture de l'époque ne tarissaient d'ailleurs pas d'éloges sur les tags qui fleurissaient sur nos murs ou sur le rap, présenté comme une culture parallèle, signe prometteur d'une langue « alternative ». La manœuvre était habile, car, sous le couvert séduisant d'une liberté dans l'expression, la pratique de l'oral s'offrait comme une facilité qui dispensait d'un effort qu'exige celle de l'écrit. Non que l'oral soit à dédaigner en cours de français, mais nous ne parlons pas de l'expression spontanée dans un langage approximatif et qui ne repose sur aucun approfondissement de la pensée. Le véritable apprentissage de l'oral exige d'abord une bonne connaissance de l'écrit. S'exprimer sur un sujet oralement et faire passer un message exige de savoir structurer son propos et de le nourrir d'une réflexion et d'une culture qui ne tombent pas du ciel. Cela s'appelle l'art oratoire et nous savons, depuis les Grecs, que l'exercice n'est pas plus facile que celui de l'écrit. Si bien que, par cette hypocrisie ministérielle, nous voyons clairement le dessein des autorités. La pratique de l'oral devait une fois encore être favorable aux enfants les plus favorisés et non mettre en valeur ceux qui n'avaient rien à dire, creusant ainsi davantage les inégalités.

Le cours de français ne peut être l'occasion d'une totale expression libre tant à l'oral qu'à l'écrit. La langue est difficile et il faut commencer par en apprendre les fondements de façon rigoureuse. Nous savons combien la parole, même orale, peut trahir le niveau de qui s'exprime. Et nous sommes sensibles aux fautes que font les autres quand bien même nous en commettons aussi. « La première impression est toujours la bonne, disait Pierre Dac, surtout quand elle est mauvaise. » Pourquoi par exemple un des favoris de l'élection présidentielle de 2017 ne fait-il jamais l'accord du participe passé employé avec l'auxiliaire avoir ? Il suffit d'ouvrir un poste de radio ou de prendre un journal pour y trouver les fautes les plus élémentaires (comme l'usage du subjonctif derrière « après que » ou l'inversion du sujet dans les subordonnées interrogatives indirectes : je demande quel temps fait-il ?). Je ne cherche pas à jouer les professeurs de grammaire et ne suis certainement pas moi-même innocent de toute faute langagière, mais je parle simplement de ces erreurs permanentes que j'ai expliquées tant de fois aux lycéens comme aux étudiants et qui ne sont presque jamais corrigées parce qu'ils ne comprennent pas la raison grammaticale de leurs erreurs.

Souvent les examinateurs se plaignent du mauvais français qu'ils lisent dans les copies ou qu'ils entendent dans les interrogations orales. Les enseignants font tout leur possible, mais sait-on par exemple que les différentes réformes récentes ont conduit à supprimer près de 600 heures de français à la fin du primaire ou au collège, c'est-à-dire au moment où les enfants en ont le plus besoin (à condition évidemment de ne pas faire n'importe quoi). Cela équivaut à peu près à trois années d'enseignement du français. C'est un peu comme si, dans cette discipline, un élève qui sort de cinquième poursuivait sa scolarité en seconde. Comment s'étonner alors, surtout avec le contenu des programmes nouveaux, que les jeunes soient incapables de rédiger correctement plusieurs phrases à la suite et soient les champions en Europe de la dysorthographie ? Et c'est avec cet outil-là que nous prétendons au lycée les initier à la dissertation et au commentaire de texte ! Rassurez-vous, ils obtiendront leur baccalauréat, quitte à ce que les notes attribuées ne correspondent en rien au niveau des copies. Il reste évidemment à savoir avec quel outil de langage (et de pensée) ils vont pouvoir briller dans leurs études supérieures. Fort heureusement, les plus favorisés seront passés par l'enseignement privé ou auront pu bénéficier de l'aide de professeurs particuliers. Pour le reste, vos enfants ont le bac ; tel était bien l'objectif ; le Mammouth Suprême s'en lave les mains.

Les dernières réformes soutenues par Mme Belkacem et soigneusement peaufinées par nos pédagogistes maison, portent le coup de grâce à l'enseignement du français. Je ne parlerai même pas de l'orthographe, même si le sujet prête à sourire (supprimer tous les accents circonflexes par la méconnaissance de leur raison d'être peut conduire à des confusions troublantes : il croit qu'il croit/croît ? Le jeune préfère le jeune/jeûne ? – Ma réforme préférée concerne les noms composés qui, au pluriel, pourraient en porter la marque : le laïc que je suis s'amuserait à compter les pries-Dieux !). Plus importante est la volonté de désosser la langue en renonçant à l'apprentissage de la grammaire. Il paraît que celle-ci, si j'en crois un de nos démagogues, « n'est pas ludique ». Sans doute notre homme ignore-t-il l'étymologie du mot qui, en latin, renvoie à l'école et aux méthodes d'apprentissage par la répétition. Il est vrai qu'il faut éviter tout effort et qu'il est bien difficile de découvrir la concordance des temps comme si c'était un jeu vidéo. Foin de la conjugaison, de l'analyse grammaticale ou de l'analyse logique ! Je me demande comment nos pauvres enfants qui ne reçoivent pas chez eux une aide devenue indispensable peuvent s'y retrouver pour exprimer une pensée clairement. Soit dit en passant, c'est certainement parce qu'ils n'y arrivent pas qu'ils ont recours à la violence. J'ai même connu un lycéen qui ne savait pas distinguer dans une phrase un verbe d'un nom et d'un adjectif. Il est inutile de dire que je ne comprenais rien au sabir qu'il me servait dans ses copies. Mais sans aller jusque-là prenons l'exemple précis des fonctions élémentaires de la phrase. Quoi de plus simple et de plus nécessaire pour exprimer une idée que de distinguer un sujet, qui fait l'action, un verbe, qui dit cette action, un complément d'objet direct, qui précise sur quoi ou sur qui porte cette action, puis d'autres compléments, d'attribution si l'on veut noter à qui est destinée l'action, circonstanciels s'il est besoin de spécifier les diverses circonstances de l'action. Voilà qui a paru trop complexe pour nos réformateurs. À l'école élémentaire, il ne faut plus distinguer que le sujet, le verbe et « le prédicat ». Quezaco ? Le prédicat englobe les diverses formes de compléments, objet direct ou indirect, circonstanciels... il paraît que les enfants comprennent beaucoup mieux et je suis sûr que le terme de prédicat leur dit certainement quelque chose !

À ce sujet, j'ai entendu à la radio un échange entre un professeur de lettres et le président du Conseil supérieur des programmes. Ce dernier explique que le prédicat est le complément de phrase : « C'est plus facile à retenir pour les enfants », et de préciser qu'on abordera la notion de complément d'objet direct en cinquième.

Le professeur : « On n'apprend donc plus à accorder le participe passé employé avec l'auxiliaire avoir ?

– Si ! Bien sûr !

– Comment fait-on puisque les enfants ne connaissent pas le complément d'objet direct ?

– Mais on leur explique dès le CM1 que l'accord se fait avec le pronom antéposé. Pour le COD, il suffit de dire « complément du verbe » qui est aussi bien le COD que le COI.

– Mais l'accord se fait avec le COD, pas avec le COI ! [j'imaginais la tête du président du Conseil des programmes dans le studio...]

– Il suffit d'apprendre que le « complément du verbe » peut être direct ou indirect.

– En quelque sorte, il faut expliquer que certains prédicats sont des objets directs ?

– Tout à fait !

– Dans ce cas, ne serait-il pas plus clair et plus simple de garder l'ancienne dénomination au lieu d'embrouiller les élèves avec des mots dont ils ne comprennent pas le sens ? »

Le président ainsi interpellé est resté sans voix à moins qu'il jugeât préférable de ne pas poursuivre avec un interlocuteur aussi peu sensible aux subtilités de sa réforme. Lors d'un autre échange, alors qu'on lui reprochait de masquer par son jargon l'abaissement des exigences, il répond : « J'assume mon côté gauchiste. » Voici une bien intéressante révélation. Il existe donc une grammaire de droite et une grammaire de gauche. Revient alors clairement au jour la volonté politique et idéologique de saper l'apprentissage de la réflexion pour mieux dominer les citoyens en ruinant leur première liberté, celle de pouvoir s'exprimer, par la dévitalisation de la langue. Même si l'égalitarisme est à ce prix. En revanche, si l'on veut lutter contre les inégalités et donner aux enfants toutes leurs chances de pouvoir se développer par ce que l'école leur transmettra, il faut d'abord leur donner le vocabulaire le plus riche possible dès le cours préparatoire (pour ne pas dire plus tôt) et leur ouvrir l'accès non seulement à la lecture et à l'écriture, mais à travers elles aux structures précises de la langue afin de les armer pour défendre avec efficacité leurs droits à être des citoyens libres et égaux.

Certes tel n'est évidemment pas l'objectif que poursuit la dernière réforme spectaculaire des programmes du collège. Que le lecteur se rassure, je ne vais pas lui imposer le détail de tous les changements opérés dès la rentrée 2016. Cependant il faut comprendre que le projet global de cette réforme consiste à uniformiser l'enseignement dispensé au collège dans un souci d'égalitarisme. Il a été décidé de commencer par l'éradication de tout enseignement supposé élitiste. Fin des classes bilangues ou européennes qui demandaient aux élèves davantage de capacités et de travail ; fin des langues anciennes sur lesquelles je reviendrai plus loin. Comme tout le monde entre en sixième et que, indéniablement, un nombre important d'élèves rencontrent des difficultés croissantes en français et en mathématiques, il fallait rabaisser le niveau et les exigences pour que tout le monde pût suivre sans trop s'ennuyer. Il fut donc procédé une nouvelle fois à la diminution des horaires dans les disciplines principales, étant bien entendu que les méthodes pédagogiques devaient radicalement changer pour laisser place à la créativité. La réforme devait s'appliquer à tous les niveaux en même temps à la rentrée 2016, du cours préparatoire à la troisième. Tous les manuels existants devenaient obsolètes. Les éditeurs ont donc eu quelques mois pour remplacer 16 millions de livres pour les écoliers et 11 millions pour les collégiens. Ajoutons que la précipitation nécessaire à leur écriture a eu pour conséquence l'émergence de belles bourdes, accompagnées de non moins magnifiques fautes d'orthographe. Certes, il en existait déjà auparavant (j'ai en mémoire le titre d'un chapitre de livre d'histoire de cinquième qui traitait en deux pages, photographies comprises, de l'Empire romain (!) : « Du pain et des œufs ». La gastronomie romaine dans sa version *Germinal*), mais rarement à ce point. L'enseignement du français s'en trouve renouvelé, et voici par exemple un exercice de réécriture issu d'un nouveau manuel de quatrième qui propose de rédiger le « texto » suivant : « CC C MWA ! G 1 truc a te dir jcroi kon devré fer 1 brek... bz. » (Pour ceux qui en seraient restés au français traditionnel, ô combien suranné, cela signifie : « Coucou, c'est moi ! J'ai un truc à te dire : je crois qu'on devrait faire une pause... Bises. » Attention à ne pas se tromper sur « bz », la pause en question aurait pu induire une autre interprétation, bien plus ludique.) La phobie absolue de nos pédagogistes réside dans ce qu'ils appellent les cours magistraux. C'est à cela que nous voyons qu'ils n'ont jamais mis les pieds dans une classe de collège ou de lycée, car ils sauraient que plus aucun professeur ne fait de cours magistral depuis belle lurette. Il faut donc pousser les enseignants à encadrer des activités plutôt qu'à transmettre un savoir. Pour ce faire, au collège, la réforme prévoit la création d'un EPI, c'est-à-dire « un enseignement pratique interdisciplinaire » organisant le travail des élèves sur des sujets variés qui exigent la collaboration de deux disciplines afin de permettre à ceux qui sont en difficulté de pouvoir briller sans avoir besoin de travailler sur ce qu'ils n'ont pas compris. Le ministère suggère par exemple des sujets réunissant le français et les sciences et vie de la terre (SVT) autour de ce thème : « Gargantua et Emma Bovary mangeaient-ils équilibré ? » Vous vous imaginez peut-être que les collégiens, qui mettent une heure pour déchiffrer une page, vont se précipiter sur les œuvres de Rabelais et de Flaubert réunies ? Ils n'en auront pas le temps vu qu'un EPI de deux heures par semaine s'étale sur un semestre seulement, c'est-à-dire environ quatre mois. Ils vont donc certainement plutôt s'interroger sur la réécriture des menus, façon bio, ce qui, convenons-en, constitue un exercice littéraire plutôt limité. Un autre thème, qui fut finalement retiré des livres, proposait de réfléchir sur le sujet : « corps, santé, bien-être et sécurité » conjointement en physique et en SVT à partir du récit de la mort de Claude François dans sa baignoire. On ne pouvait trouver plus « ludique ». Au lycée, les cours de sciences se déroulent aujourd'hui selon ce que l'on appelle la pédagogie inversée. Il s'agit simplement de distribuer le cours aux élèves (excusez-moi ! je voulais dire de le diffuser par voie électronique) pour qu'ils l'étudient chez eux. Les explications du professeur sont donc devenues superflues. Ensuite, en cours, on leur propose des exercices et ils peuvent poser des questions lorsqu'ils ne comprennent pas ; le professeur vient alors auprès de chacun pour l'aider à répondre correctement. L'enseignant devient une sorte de répétiteur avec cet inconvénient que le groupe classe éclate. On perçoit évidemment où le réformateur veut en venir : d'ici peu de temps, il ne sera plus nécessaire de dispenser des cours au lycée ; les élèves pourront travailler chez eux devant leur ordinateur en interrogeant un enseignant prestataire de services qui répondra à leurs questions depuis une plate-forme informatique. Peut-être même pourra-t-on faire des économies en délocalisant cette plate-forme outre-Méditerranée, comme c'est déjà le cas pour la vente d'aspirateurs à distance. Au collège comme au lycée, l'emploi du temps des jeunes comprend également de « l'aide personnalisée » qui, comme son nom ne l'indique pas dans le langage du ministère, n'est pas un soutien apporté à chacun mais au contraire à un groupe d'élèves qui peut correspondre à une classe entière. Le but, on l'aura compris, est de transformer le professeur en gentil animateur du Club Med, ce qui m'évoque le texte d'une pancarte brandie par un collègue lors d'une manifestation voici quelques années : « Ne dites pas à ma femme que je suis animateur dans un lieu de vie, elle me croit professeur dans un lycée. »

Vous pardonnerez au latiniste que je suis de revenir sur le sacrifice des langues anciennes voulu avec obstination par le Mammouth Suprême parce qu'elles sont, pour nos pédagogistes, l'exemple même d'un enseignement jugé élitiste. J'ai eu l'occasion de dire ailleurs que précisément l'enseignement du latin dans les collèges des zones défavorisées a permis à beaucoup d'enfants de mieux apprendre à maîtriser la langue française. Je n'y reviens pas puisque cet argument est jugé irrecevable. Je n'insiste pas non plus sur le long chemin qui depuis mai 1968 a conduit à l'éradication des lettres classiques. Cependant il faut noter que, parmi les coups tordus qui ont tenté à de nombreuses reprises de faire du tort à l'enseignement du latin (et du grec), celui porté par Lionel Jospin en toute discrétion a sans doute été l'un des plus sournois. En effet, malgré les tentatives de marginalisation des langues anciennes dans les programmes, les heures consacrées au latin et au grec n'étaient pas comptabilisées dans ce que l'on appelle la DHG, la dotation horaire globale attribuée à chaque établissement par le ministère. Lionel Jospin fut le premier à supprimer le statut privilégié des heures de latin et de grec. À partir de sa réforme, elles rentrèrent dans le cadre de la DHG, et il revenait au chef d'établissement de consacrer ou non les trois heures réglementaires par niveau au latin et au grec. Il va sans dire que les proviseurs peu favorables à cet enseignement se laissaient facilement convaincre par les professeurs des matières scientifiques notamment, qui trouvaient plus utile qu'on leur donne des heures supplémentaires pour leurs classes très chargées plutôt qu'on les gaspille pour des groupes très restreints d'élèves. C'est ainsi que l'on a vu les trois heures dédiées ramenées parfois à deux heures, quand il n'était pas opéré un regroupement de deux niveaux ensemble. Cela veut dire que, dans certains lycées, les latinistes de première et de terminale pouvaient se retrouver ensemble pour leurs deux ou trois heures hebdomadaires, ce qui ne facilitait guère la tâche des enseignants au vu de la différence des programmes et de la préparation du baccalauréat. Mais enfin beaucoup préféraient s'en contenter, frémissant à l'idée d'une éventuelle suppression définitive de ces options. Le coup porté par Mme Belkacem fut beaucoup plus grave et se voulait définitif. Il suffit d'écouter les déclarations faites par un ancien inspecteur général des lettres sur FR3 Corse le 30 novembre 2016. Il nous apprend que la suppression des langues anciennes était bien programmée malgré les dénégations de nos pédagogistes. « La plus haute autorité du ministère » s'est même étonnée du « bruit » que causait cette mise au tombeau soigneusement préparée en catimini. Il va de soi que les quelques défenseurs des humanités, généralement des gens de culture traités par le ministre de « pseudo-intellectuels », sont « d'affreux réactionnaires ». Cet inspecteur honoraire parle d'une véritable stratégie « d'étranglement », « d'étouffement » du latin et du grec qui devait conduire à une disparition certaine de l'étude des langues anciennes. Néanmoins, les assassins, une fois découverts, durent bien faire semblant de n'avoir jamais médité un tel crime. Le ministre alla jusqu'à oser prétendre publiquement que, loin de vouloir éradiquer cet enseignement, sa réforme permettait à tous d'étudier le latin. Ceux qui ne connaissent pas les arcanes du système ont pu croire que les professeurs avaient crié au loup sans raison. Mais la réalité est la suivante : le latin peut être abordé dans les fameux EPI sous l'appellation pompeuse de « langues et cultures de l'Antiquité » (LCA). Or je rappelle que le choix d'un EPI est fait une seule fois pour un semestre en cinquième, quatrième ou troisième, les élèves choisissant ainsi six EPI au long de ces trois années ; et qu'en outre cet EPI associe deux disciplines. Le Conseil supérieur des programmes conseilla de réunir le latin et l'histoire, à ce détail près qu'à partir de la cinquième l'histoire de l'Antiquité n'est plus au programme. Puisqu'en cinquième on étudie le Moyen Âge, le Conseil préconisa de se lancer dans le latin médiéval, ignorant évidemment que celui-ci est une spécialité très pointue et que les enseignants du secondaire n'y sont pas formés. De toute manière, où était donc le problème puisque, pour quelques semaines, il ne pouvait s'agir que d'une sorte d'activité de patronage. Il n'était en effet pas question d'apprendre des déclinaisons ou d'essayer de traduire un texte. Il restait à imaginer d'organiser une journée à la romaine, avec déguisements à l'appui et, pourquoi pas, l'étude d'un menu romain à la cantine ! Voilà à quoi pouvait se réduire l'étude du latin pour un ministre si fier d'annoncer que tout le monde pourrait se lancer dans son apprentissage... Cependant, devant les réactions indignées d'universitaires ou d'académiciens, qui savent ce que le latin apporte à la connaissance de notre culture ainsi qu'à la compréhension de la formation de l'Europe, nos grands leaders pédagogistes ont bien été obligés de laisser une certaine liberté aux établissements pour prendre quelques miettes sur les heures supplémentaires offertes en marge du programme, afin de constituer de vrais groupes pour apprendre véritablement le latin ou le grec. Là encore, cette proposition a créé une belle pagaille dans la mesure où cette enveloppe des heures de marge était âprement disputée par les sciences ou les langues vivantes afin de remédier aux carences abyssales de nos collégiens. Pour dresser un bilan rapide, on a estimé, après enquête auprès de 530 collèges sur l'ensemble du territoire, que près d'un million d'heures de latin ont bien été perdues, c'est-à-dire aussi l'équivalent de près de 1 500 postes de professeurs certifiés. Apparaît alors la véritable raison de cette opération de déculturation massive : faire des économies en sachant de surcroît que, lorsqu'il n'y aura plus de professeurs pour enseigner les langues anciennes, plus personne ne pourra satisfaire les demandes des élèves et des parents... qui se trouveront bien dans l'obligation de placer leurs enfants dans le privé où, de toute évidence, cet enseignement pourra perdurer et deviendra, cette fois-ci, réellement élitiste. L'inspecteur général précité ne dit pas autre chose : « On a maquillé une réforme financière en réforme pédagogique. C'est une réforme de gribouille qui ne va pas vers le progrès et qui va produire des effets inverses. » Puis il ajoute, pour qui en douterait encore, « je pense qu'il n'y avait pas les compétences nécessaires dans ce cabinet... En ce qui concerne ce cabinet et cette ministre, je suis au regret de dire que les décisions ont été prises sans connaissance de ce qui se passe sur le terrain, sur des rapports faits rapidement ». Il aurait pu ajouter, avec la franchise qui l'honore, qu'il s'agissait de rapports de circonstances rédigés expressément pour justifier une idéologie qui n'a rien à voir avec les principes humanistes de notre Éducation nationale. J'ajoute enfin que le nouveau ministre, M. Blanquer, qui est un homme de culture et qui connaît son sujet, à peine entré en fonction, a annoncé le retour de l'étude du latin et du grec, ainsi d'ailleurs que des classes bilangues et européennes. Si cette correction s'opère rapidement, nous serons peut-être simplement passés tout près d'une sorte de génocide culturel.

J'espère qu'on me pardonnera de rappeler pour terminer quel rôle important joue le latin dans la formation des jeunes esprits dont nous avons la charge. Certes, dans la vision utilitariste contemporaine, je veux bien reconnaître qu'il ne sert à rien, pas plus d'ailleurs que ne sont utiles au consommateur lambda les équations du deuxième degré ou les mystères de la mécanique quantique. Et c'est précisément pour cela qu'il est indispensable. Tout d'abord, l'apprentissage de sa langue confère une armature intellectuelle et morale qui contribue à forger la rigueur dont chaque enfant a besoin pour tirer profit de tout enseignement (même et surtout si l'on n'enseigne plus rien !). Ensuite il fournit un fondement culturel essentiel pour nourrir la pensée (à moins que l'on se suffise des propos spontanés et superficiels qui sont censés jaillir lors d'un cours de français). Enfin les langues anciennes donnent une expérience à méditer, celle d'une civilisation qui est la mère de la nôtre et qui nous a transmis les valeurs fondamentales que nous revendiquons volontiers, la liberté, l'humanité, le courage et tant d'autres. Elle est en outre à l'origine de l'identité européenne et nous permet de retrouver le lien qui nous unit à l'Antiquité par l'intermédiaire de l'humanisme. Elle a nourri des générations de philosophes qui se sont battus pour que nous connaissions l'évolution qui fut la nôtre. Il suffit de se souvenir comment les penseurs des Lumières se sont appuyés sur les Romains pour revendiquer la force de la raison, la tolérance, la fraternité, et même la laïcité dont nous semblons parfois oublier et l'origine et le véritable sens.

Il est vrai que ces valeurs qui sont aux sources mêmes de notre enseignement laïque s'accordent assez mal avec le totalitarisme insidieux et rampant de nos démagogues. Je terminerai en rappelant ce qui me semble être essentiel à défaut d'être original. Il est indispensable de revenir aux fondamentaux, et d'abord à l'école élémentaire, où la priorité doit être donnée à l'apprentissage de la lecture, de l'écriture et du calcul. Une très large majorité des heures doit être consacrée à l'entraînement et au perfectionnement de la lecture avec la méthode syllabique qui seule permet un apprentissage rapide et solide. Découvrir le vocabulaire, apprendre à réfléchir pour être capable de mettre une orthographe correcte (et la dictée du matin y contribue largement à condition qu'elle soit préparée la veille ou les jours précédents et réutilise les mots qui ont été appris), se concentrer sur l'écriture et d'abord sur la construction de la phrase, autrement dit établir peu à peu de manière rigoureuse et régulière la mise en œuvre de la grammaire ; procéder de même pour le calcul… tout cela semble bien banal. C'est pourtant ce qui, depuis l'Antiquité, a donné les résultats les plus sûrs et les plus durables. Il est inutile de se disperser en activités diverses. L'expérience tentée récemment de consacrer tous les après-midi à des jeux sans intérêt en confiant les enfants à des animateurs plus ou moins expérimentés se solde par de bien piètres résultats. Il est certainement indispensable de revenir à un horaire sagement réparti sur la journée, avec un emploi du temps qui n'épuise pas les enfants dès le matin par des heures de sport presque quotidiennes (comme j'en connais des exemples) avant de tenter de retenir leur attention pendant de rares heures, pour les rendre à leurs activités ludiques dès 15 heures. Il serait plus judicieux de consacrer l'essentiel des cours du matin, et du début de l'après-midi, à des activités importantes, puis de réserver avec l'instituteur qui les connaît d'autres sortes d'activités comme de l'histoire, de la géographie, quelques notions de sciences fondées sur l'observation pour la fin de la journée. Idéalement, il serait bon de les initier à la musique, au chant, au dessin... L'important me paraît de varier les exercices pendant la journée, mais cette notion d'exercice même doit accompagner celle d'apprentissage. Tel est le sens du mot latin *ludus* qui signifie « l'école », et qui également veut dire « jeu ». Il ne s'agit pas ici de petits amusements, mais bien d'un exercice de répétition, comme cela se pratique d'ailleurs dans les pays asiatiques. La répétition, c'est-à-dire l'exercice, et la mémorisation constituent deux piliers de l'apprentissage qui sont aujourd'hui largement oubliés parce qu'ils réclament un effort. On me pardonnera d'utiliser encore un gros mot, mais l'effort, qu'on le veuille ou non, reste indispensable pour qui veut progresser. Il est d'ailleurs curieux et étonnant que les termes d'exercice, de répétition, d'effort soient si couramment admis et valorisés dans les disciplines sportives avec des répétiteurs et des entraîneurs souvent impitoyables et qui n'hésitent pas à sanctionner durement. Tous les enfants admettent et supportent cette discipline ; mais dès qu'il s'agit d'un effort de réflexion ou de mémoire, on les a habitués à y renoncer avant même de s'y atteler. Sans doute serait-il bon d'harmoniser ces attitudes antithétiques pour donner aux jeunes le goût de l'étude (encore un gros mot !) comme ils ont le goût de l'entraînement sportif. En ce qui concerne la mémorisation, pourquoi ne pas revenir à la récitation, qui avait l'avantage de loger dans la mémoire de nos bambins de beaux textes bien écrits dont les phrases, résonnant comme un écho au fond d'eux-mêmes, pouvaient aussi les guider dans un exercice d'écriture ?

J'aimerais terminer ce tour d'horizon en abordant la mode effrénée du tout numérique. Que le lecteur se rassure, je suis le premier à m'émerveiller devant le secours puissant que nous procure l'Internet, et j'use moi-même abondamment des ressources de mon ordinateur et de ma tablette. Cependant, je ne pense pas que ces innovations soient à mettre entre toutes les mains à n'importe quel âge. Un rapport tout récent (juin de cette année, semble-t-il) montre que mettre une tablette dans les mains des tout-petits peut provoquer des dégâts irréparables dans leur cerveau allant jusqu'à développer une forme d'autisme. De la même façon, aux États-Unis, dans certains états, la décision de ne plus apprendre à écrire aux enfants sous le prétexte qu'ils sont appelés à n'utiliser que des claviers me semble une aberration. En France, François Hollande avait promis de doter chaque enfant du primaire (et pourquoi non de maternelle) d'une tablette. Fort heureusement, l'intendance, si je puis dire, ne pouvait suivre. On imagine les dégâts que cela eût pu provoquer. Un détail qui devrait nous faire réfléchir : dans la Silicon Valley, berceau de toutes ces inventions électroniques miraculeuses, les ingénieurs ont demandé qu'il n'y eût aucun ordinateur dans l'école de leurs enfants. Pour les plus grands, par exemple au lycée, je pourrais m'étendre longuement sur l'utilisation de l'Internet qui transforme nos adolescents en scribes, tout justes bons à recopier, parfois sans comprendre ce qu'ils lisent, alors que tous nos efforts vont dans le sens du développement de leur réflexion. En fait, il en va de l'ordinateur comme de toute nouveauté technologique, il est de première utilité s'il est à notre service, mais il devient nuisible si nous en devenons les esclaves.

À chaque âge ses plaisirs. Au collège, les jeunes cerveaux pourront apprendre à maîtriser et à développer les connaissances de base acquises à l'école primaire. Ils devront encore consacrer une large part de leur temps à améliorer l'expression écrite, et donc leur connaissance de la langue et de la grammaire, mais ils apprendront aussi à utiliser leurs qualités d'écriture et de mémorisation dans d'autres disciplines. Ils appliqueront l'exercice de leur réflexion en histoire, en mathématiques, en sciences ainsi que dans la pratique des langues, si indispensable pour ceux qui pourront faire des études. Et c'est dans ce cadre-là, celui du perfectionnement de la langue française et de la rigueur dans toutes les disciplines, que l'apprentissage du latin sera à la fois possible (parce qu'ils auront acquis déjà les structures de base nécessaires à son étude) et profitable. Car le latin, si beaucoup croient qu'il ne sert à rien, est cependant indispensable à une bonne formation générale. J'ai encore le souvenir d'avoir entendu le professeur Laurent Schwartz, célèbre mathématicien qui enseignait à l'École polytechnique, déclarer un jour lors d'un congrès de mathématiciens à Nice que la pratique du latin exigeait la même forme d'esprit que celle des mathématiques et qu'elle était même plus formatrice pour l'esprit que celles-ci.

L'organisation d'un enseignement réfléchi et efficace au collège deviendrait alors un marchepied utile pour la poursuite des études, que l'adolescent choisît d'entrer au lycée ou de se lancer dans une autre voie, par exemple technologique ou professionnelle, avec un apprentissage, sans que cela exclût la continuation de la pratique des disciplines fondamentales indispensables pour exercer toute profession. En ce qui concerne le lycée, les programmes pourraient alors s'appuyer sur des connaissances déjà acquises (même s'il faut toujours les conforter) et proposer une progression intéressante que ceux qui prendraient cette voie seraient capables de suivre, ce qui est loin d'être le cas aujourd'hui. Sans doute faudrait-il déchirer l'image aveuglante d'un diplôme de baccalauréat obtenu par tous, mais au moins ne tromperions-nous pas nos jeunes en les laissant à 18 ans, parfois bien démunis (alors qu'ils se croient savants), courir à l'échec. Et peut-être aurions-nous la satisfaction d'éviter, comme c'est le cas aujourd'hui, que plus de 150 000 jeunes quittent le système scolaire en cours de route chaque année, sans aucune peau d'âne en poche, pour s'égailler dans la nature.

5

De l'évaluation

Le sujet est délicat. Il a déjà fait couler beaucoup d'encre. Certains jeunes connaissent bien la scène, le soir à l'heure de la soupe, autour de la table familiale devant la télévision allumée. Entre deux informations capitales (les résultats de football par exemple), tandis que le présentateur s'étend sur des sujets superflus (disons l'élection présidentielle), le père ou la mère pose la question qui fâche, susceptible de couper l'appétit au gamin ou à la gamine : « T'as eu des notes aujourd'hui ? » Si les résultats ont été bons, le jeune convive peut respirer et lorgner avec gourmandise sur le dessert. Dans le cas contraire, il lui arrive de sentir sa salive sécher sur sa langue.

Allons ! Une bonne nouvelle pour tous les potaches : un nouveau site Internet leur propose de faire leurs devoirs quelle que soit la discipline. Il suffit de préciser le nombre de pages voulu, les caractéristiques spécifiques de l'exercice, et un enseignant spécialiste est aussitôt mandaté pour faire le travail et vous l'envoyer dans les plus brefs délais. Bien évidemment, il est précisé que vous n'avez pas le droit de rendre ce devoir en classe sous votre nom. Il n'est livré à domicile que pour vous permettre de vous entraîner. Mais il vous en coûtera tout de même 50 euros en moyenne, un peu moins si vous êtes collégien et beaucoup plus si vous préparez un master. On imagine très bien l'élève ou l'étudiant ne dépenser pareille somme que pour le plaisir de ne pas avoir à faire son travail, et accepter de ne pas le rendre au professeur pour obtenir une bonne note ! Dans le monde de l'électronique, l'hypocrisie n'est pas moindre qu'au ministère de l'Éducation. Cette entreprise commerciale qui, si elle était honnête, se parerait du titre de « marché de la triche » est inspirée d'un site britannique qui devrait permettre à son importateur français de s'assurer de confortables revenus. D'autant que le ministère, soutien involontaire de cette entreprise, veut répandre l'usage des tablettes dans les classes dès le plus jeune âge, ce qui permettra à tous les élèves de recevoir leur travail tout chaud tout fait pendant les cours ! Enfin, pas tout à fait à tous puisqu'il faudra quand même disposer d'un certain budget. On reconnaît bien là le souci égalitariste de nos autorités. Nous pouvons même imaginer une scène absurde : le professeur qui corrige le devoir qu'il a lui-même écrit la nuit précédente et qui hésitera donc à lui mettre une note moyenne…

Ce petit négoce qui ressuscite la vieille image des marchands du temple (éducatif) a de quoi choquer au moins la morale. Une tentative similaire en 2009 n'avait pas dépassé les trois jours, mais il semble qu'en quelques années la moralité se soit satisfaite de plus piètres accommodements. De fait, l'entreprise a fait réagir une fédération de parents et un syndicat lycéen. Ce dernier a réclamé la fermeture du site. Peut-être pensez-vous que c'est en raison de son immoralité ? Que nenni ! Ce site n'est jugé néfaste que parce qu'il est payant. Cela nuit à la sacro-sainte égalité. On en retire la désagréable sensation que tout serait parfait si les prestations étaient gratuites. Car ce n'est pas la tricherie qui est condamnée, mais le fait d'avoir fait de cette entreprise un commerce qui ne fait qu'accentuer la disparité entre les élèves de milieux différents. Mais le principe semble aux jeunes souvent intéressant : occupés qu'ils sont par bien d'autres activités que l'école, ils expérimentent toutes les solutions possibles pour ne pas avoir à fournir de travail... tout en obtenant de bonnes notes.

La résolution de cette difficile équation est pourtant simple, et les pédagogistes du ministère en ont trouvé depuis un certain temps la solution idéale. Puisque les notes dérangent, il suffit de les supprimer. Afin d'assurer leur condamnation définitive, nos beaux penseurs doctrinaires ont accumulé les arguments : elles sont injustes, arbitraires et reflètent sur ce point les jugements très aléatoires des enseignants. Elles pèsent aussi d'un poids excessif « dans la détermination du parcours des élèves... au détriment parfois de leurs centres d'intérêt, de leurs goûts et de leurs motivations ». Il est en effet intolérable que l'orientation d'un élève se fonde sur les résultats d'un livret scolaire et non sur ses « compétences ». Autrement dit, il est inadmissible qu'un élève qui, année après année, est fâché de façon rédhibitoire avec les disciplines scientifiques ne puisse pas devenir un chercheur brillant et célèbre dans le domaine de la mécanique quantique si tel est son goût. Nos penseurs ministériels se retranchent savamment derrière les études en docimologie pour montrer l'imprécision et la nullité de la notation. Ils oublient simplement que les études en docimologie n'ont rien d'une science mais s'appuient sur des expérimentations fondées sur des critères qui leur permettent d'obtenir les résultats qu'elles ont pour but de démontrer. Et d'en rajouter une couche révélatrice à la fois du mépris dans lequel sont tenus les enseignants au ministère et du poids idéologique qui pèse sur les ronds-de-cuir de la rue de Grenelle : « La note reste un jugement de l'enseignant sous influence, un outil de hiérarchisation et de sélection progressive. » Que la honte s'abatte sur les professeurs comme les sauterelles sur l'Égypte antique ! Les maîtres de l'école publique sont accusés de refuser la sacro-sainte égalité en voulant distinguer des niveaux différents chez leurs élèves et d'exercer ainsi la sélection qui permettrait d'éliminer sans appel les mauvais éléments.

Dans ces conditions, il est temps de remédier au mal et de remplacer les horribles notes par des succédanés qui permettent de masquer la disparité pourtant inévitable qui existe entre les élèves. Fait-on remarquer à nos pédagogistes que supprimer les notes revient à supprimer les examens, à modifier toute la pédagogie et les pratiques de l'enseignement, les programmes et surtout les méthodes d'apprentissage, les parcours et les procédures d'orientation ? Il n'y a rien là qui puisse les rebuter puisque c'est une refonte totale de notre système éducatif qui fait l'objet de toute leur attention. Le mot-clé, celui qui doit remplacer le terme de « notation », est celui de « compétences ». Pour qui ne distinguerait pas clairement la différence qui existe entre les deux notions, il faut préciser que la première évalue des connaissances tandis que la seconde se limite à apprécier les simples pratiques que les élèves se borneraient à reproduire sans comprendre le fond des choses. Pour le dire autrement, nous pourrions emprunter au Figaro de Beaumarchais ce qu'il avait déjà compris des déviances de son époque lorsqu'il remarquait que le savoir-faire vaut mieux que le savoir. Or la différence n'est pas moindre. L'évaluation notée correspond à une logique d'enseignement tandis que les compétences se résument simplement à déterminer un apprentissage. Dans le premier modèle, les notes permettent d'évaluer un niveau de connaissance pour garantir l'accès au degré supérieur de la scolarité ; c'est ainsi que fonctionne toute l'organisation des cycles d'études du collège au lycée, puis à l'enseignement supérieur. En revanche, avec le second modèle, nous sommes devant une vision utilitariste de l'école selon laquelle le savoir et la culture deviennent secondaires pour faire régner un flou artistique qui ne permet plus de savoir sur quelle base nos élèves peuvent se fonder pour satisfaire aux besoins de l'enseignement supérieur. Il s'agit donc d'une nouvelle conception du rôle de l'école destinée à gommer toute disparité entre les élèves, obligeant ainsi à reconsidérer entièrement les cycles d'études et l'orientation.

Le processus de transformation est en cours. Déjà le LSU (livret scolaire unique), qui existe à l'école primaire et au collège et qui sans doute devra poursuivre son brillant avenir au lycée, exige des enseignants qu'ils évaluent « les compétences », c'est-à-dire la façon dont s'extériorisent les élèves. Tout est donc bien dans la communication et se résume à elle seule. Celui qui est par nature culotté, qui parle plus fort que tout le monde (même pour dire n'importe quoi) sera mieux considéré que celui qui n'est pas extraverti mais se donne la peine de réfléchir et de comprendre. Veut-on reproduire à l'école ce qui fait le succès de la vie politique depuis quelques années au risque de placer l'ignorance au pouvoir ? En attendant, les enseignants s'arrachent les cheveux à choisir la bonne case à cocher : les compétences sont-elles acquises, non acquises, bien acquises, mal acquises, en cours d'acquisition ou sur le point d'être acquises... à défaut d'être requises ? Cet ingénieux système dont on mesure toute l'approximation (ce qui pour un professeur peut être considéré comme acquis ne sera pour un autre qu'en cours d'acquisition) présente l'immense avantage d'empêcher de faire une moyenne entre les différentes disciplines. D'autres pays ont pu choisir divers moyens d'évaluer leurs élèves, tout en gardant la possibilité d'établir un ordre croissant des résultats : par exemple en Australie, les notes sont remplacées par des pourcentages ; un lycéen obtient 75 % en mathématiques, ce qui correspond chez nous à une moyenne de 15/20. D'ailleurs, les enfants eux-mêmes ont toujours besoin de s'évaluer les uns par rapport aux autres. Il suffit de voir l'expérience menée près de Toulouse dans un collège où les notes ont été remplacées par des couleurs (rouge, vert, jaune, bleu) ; un élève interrogé par un journaliste sur le bleu obtenu lui a répondu qu'il s'agissait du meilleur résultat correspondant à une note supérieure à 15 ! Était-il nécessaire de se rendre la vie si compliquée puisque, pour les enfants, l'effet produit par la couleur était rigoureusement identique à celui d'une note ?

Je ne prétends pas qu'à l'école les professeurs ne doivent enseigner aucune compétence. Ils l'ont toujours fait. La lecture, l'écriture sont des compétences qui ont depuis toujours été enseignées. Mais ce ne sont pas des compétences acquises pour le plaisir d'acquérir des compétences. Elles sont utiles à l'acquisition de savoirs qui forment le socle sur lequel vont se consolider les connaissances futures. En réalité, cette évolution est beaucoup plus importante qu'il n'y paraît : elle remet en cause la finalité de l'école. Le débat n'est pas nouveau, et de nombreuses voix se sont élevées pour prétendre que, sur les bancs de nos établissements scolaires, nos enfants n'apprennent rien d'utile pour leur vie future. Les tenants de l'utilitarisme disent depuis longtemps que l'école doit servir à préparer à la vie, à devenir citoyen, c'est-à-dire sans doute à bien voter, à bien consommer, à bien gérer les conflits familiaux... Que sais-je encore ? Et certes, point n'est besoin du théorème de Pythagore ou de savoir traduire Cicéron pour passer son samedi à faire des achats dans nos temples de la consommation (sinon quand même qu'un peu de calcul peut rendre service pour éviter de s'endetter). Et heureusement ! Il ne viendrait à l'idée de personne d'interdire aux petites grands-mères qui font leur marché d'acheter des carottes sous le prétexte qu'elles ne savent point réduire des équations du troisième degré. Mais l'intention de nos démagogues est beaucoup plus pernicieuse : sous couvert d'une avalanche de disciplines et de programmes surchargés que les élèves n'arrivent pas à maîtriser, il s'agit seulement de faire des générations d'ignares qu'il sera beaucoup plus aisé à manipuler et à gouverner.

Oui, quelle est la finalité de l'école ? À notre époque où nous savons que chacun devra changer de profession sans doute plusieurs fois dans sa vie, où il faut que chaque jeune soit préparé à s'adapter et à faire face à toute situation imprévue, il est plus que jamais indispensable que les futurs citoyens acquièrent des connaissances et, plus largement, une vaste culture qui leur permette de développer leur curiosité, leurs appétences, leur motivation pour aborder la vie future avec des armes solides et variées. Ce ne sont pas les prétendues compétences telles qu'elles sont définies qui peuvent les y préparer. La plupart des enseignants le savent bien et nombre d'experts également qui critiquent avec force le fameux « Livret de compétences ». Il est honteux de vouloir valider tout et n'importe quoi, et principalement ce qui ne laissera aucune trace dans les jeunes cervelles. Il est scandaleux qu'un système puisse donner l'avantage au beau parleur, à l'intuitif plutôt qu'à celui qui réfléchit et qui fait montre de culture.

Cependant j'entends le discours de ceux qui disent combien les notes peuvent procurer du stress à leurs enfants, jusqu'à leur faire envisager éventuellement des gestes irréparables. C'est en effet inadmissible, mais est-ce bien de la faute des notes ? N'est-ce pas par exemple parce que certains élèves ont été mal orientés et se retrouvent dans des situations pour eux impossibles à vivre ? N'est-ce pas encore parce que l'on accorde à ces fameuses notes une place disproportionnée ? Il n'est pas nécessaire de casser le thermomètre parce que tous les enfants n'ont pas la même température. Que montrent les notes ? Il s'agit d'une évaluation sur un exercice précis qui correspond à une vérification de l'acquisition de connaissances. Le plus souvent, elles ne signifient pas que l'élève est un crétin, mais plutôt qu'il n'a peut-être pas fait son travail. Pour le professeur, elles permettent d'évaluer le niveau de compréhension d'un sujet de cours par sa classe ; elles lui indiquent qu'il serait bon de reprendre les explications et, si tous les élèves ont échoué à un devoir, plutôt que de s'obstiner, il oubliera cette note et recommencera son cours. Les parents sont parfois trop exigeants au sujet des notes et, depuis que les carnets de notation sont électroniques et que les professeurs peuvent y inscrire chaque résultat, la pression dans certaines familles devient trop prégnante. Alors la tentation est forte de céder à la tricherie. L'exercice n'est pas nouveau, et la panoplie des recettes est trop bien connue pour que je la détaille. Mais de nouvelles méthodes se mettent en place de façon assez subtile. Il suffit par exemple d'être absent le jour du devoir sur table. Puis l'élève va s'excuser hypocritement auprès du professeur en lui disant combien il regrette de n'avoir pu faire ce devoir et lui demande à le rattraper. Le professeur fixe alors une date, une heure, admiratif de la conscience de son élève. Mais celui-ci s'est entre-temps procuré le sujet grâce à ses camarades et il a bien préparé ses réponses. Aucun stress, une bonne note en perspective ! J'ai même vu des parents soutenir cette attitude de tricheur. Il est arrivé en effet qu'un jour le professeur avait préparé un autre sujet de devoir pour le pauvre absent. Celui-ci s'est trouvé bien ennuyé, et son père est venu faire un scandale au lycée en clamant que son fils avait été défavorisé parce que le texte du devoir qu'il avait fait n'était pas semblable à celui des autres. Égalitarisme, quand tu nous tiens… Certains parents sont prêts à tous les mensonges pour soutenir leurs enfants et justifier leurs bêtises. Et cependant qui n'a pas eu une mauvaise note un jour ou l'autre ? Jadis, on n'en parlait pas et on se rattrapait au contrôle suivant ; avec un peu de travail et de courage, les autres notes compensaient, et la moyenne sur le bulletin trimestriel portait à peine la trace du piteux résultat précédemment obtenu. Il n'est nul besoin de dramatiser plus que de raison sur ce sujet. Les notes sont utiles à l'évaluation et peuvent créer de l'émulation. Les jeunes qui s'intéressent à leur travail suivent avec attention leurs résultats et sont heureux de les voir progresser. S'ils baissent, ils n'hésitent pas à aller trouver le professeur pour demander de l'aide et comprendre la raison de leur difficulté. Bien maîtrisées, ces évaluations constituent pour beaucoup un encouragement pour s'améliorer. Il revient naturellement aux professeurs d'accorder à ces résultats chiffrés l'importance qui leur revient sans tout ramener à eux. Et il est évident que le critère essentiel auquel sont sensibles les élèves est la justice ; un enseignant ne peut se permettre de noter n'importe comment selon son humeur. Mais là encore les dysfonctionnements ne sont pas à porter sur le compte des notes, mais sur celui de ceux qui les attribuent : cela s'appelle de l'honnêteté intellectuelle et de la conscience professionnelle.

Mais il y a plus grave. La suppression d'un système d'évaluation notée signifie la remise en cause des examens, à commencer par le baccalauréat. Certes, pour nos démagogues, tout examen s'avère bien gênant puisqu'il suppose que certains sont reçus et d'autres recalés ; autrement dit *quid* de l'égalitarisme qui noyaute toute l'idéologie ministérielle ? L'objectif affirmé reste bien que tout le monde obtienne un baccalauréat, quelle qu'en soit la nature. Tout est fait dans ce sens. On crée des options bidons dont le but affiché est de permettre d'obtenir une bonne note qui servira à compenser d'éventuels mauvais résultats dans les disciplines importantes. Par exemple, en classe de première, on a inventé les TPE (travaux personnels encadrés). Or, précisément, ces travaux n'ont pas grand-chose de personnel puisqu'il s'agit d'une production commune d'un groupe de trois ou quatre élèves sur un sujet choisi dans une palette de propositions vastes et générales. Il est bien difficile d'évaluer la part de travail de chacun des membres de l'équipe et il arrive fréquemment que le leader du groupe en assume l'essentiel. Mais finalement la bonne note sera partagée par tous. De surcroît il faut avoir vu de l'intérieur comment fonctionne cet exercice communautaire : il est très difficile en effet d'empêcher les élèves de se livrer à la joie frénétique du copier-coller, ou bien, mieux encore, d'aller chercher un travail fait quelques années auparavant, conservé au CDI du lycée, et de le resservir en l'état en comptant sur la prodigieuse faculté d'oubli des professeurs. De surcroît, l'évaluation des petits mémoires produits n'est pas chose aisée et les avis peuvent diverger d'un examinateur à l'autre. Heureusement, la consigne, comme toujours, est de se montrer indulgent et généreux. C'est grâce à de semblables amusements collectifs que j'ai pu voir, par exemple, des élèves de première S obtenir leur baccalauréat scientifique avec seulement 4/20 en mathématiques ! Quant aux meilleurs élèves, grâce aux nombreuses options bien coefficientées, les voilà nantis d'un bac avec une moyenne générale supérieure à 20/20 ! Personne n'a eu l'air de s'interroger sur la crédibilité d'un examen obtenu avec un résultat de 21 sur 20…

De toute manière, il est indispensable de donner le baccalauréat à tout le monde pour des raisons bêtement pratiques. J'ai été président de jury à plusieurs reprises et je me souviens d'une année où nous nous sommes retrouvés, après le premier tour des épreuves, avec à peine 25 % d'élèves reçus. Je me suis dit qu'un semblable résultat allait certainement faire beaucoup de bruit et je n'ai pas été surpris de recevoir un coup de téléphone du SIEC, qui organise et chapeaute le célèbre examen national. Je m'attendais à une semonce bien sentie pour fustiger la cruauté de mon jury. Que nenni ! Le discours qui m'a été tenu se résumait à un raisonnement purement utilitariste. On m'a dit en substance que, si les trois quarts des élèves recalés se disposaient à refaire une terminale (ce qui était probable), l'Éducation nationale se trouverait dans l'impossibilité de leur dégager des places dans les classes déjà surchargées de nos lycées et de leur fournir des enseignants pour leur permettre de refaire leur année. On m'a donc demandé de me débrouiller pour que, à l'issue des deux oraux de rattrapage d'un quart d'heure chacun passés dès le lendemain (et donc sans révision supplémentaire), 75 % au moins des candidats aient leur peau d'âne en poche. J'ai donc transmis à mes collègues les injonctions de la direction des services du baccalauréat et, de fait, à l'issue des oraux, nous obtenions 77 % de reçus – ce qui était déjà fort peu. Cela signifie donc que la moitié des candidats, jugés insuffisants à l'issue du premier tour se retrouvaient satisfaisants après le rattrapage. Et donc qu'il leur devenait possible d'aborder en toute quiétude leurs études supérieures. Nous pouvions avoir quelque inquiétude sur la bonne réussite desdites études, mais l'Éducation nationale n'en avait cure ; elle s'en lavait les mains tel Ponce Pilate, persuadée d'avoir accompli son devoir et, par nécessité, n'hésitait pas à se débarrasser de cette promotion. Des histoires semblables, je pourrais en conter plus d'une, des barèmes truqués pour arranger les résultats d'une épreuve jugée trop difficile à l'attribution autoritaire de deux points à tout le monde sans distinction pour améliorer une moyenne jugée trop basse à l'épreuve de français. L'important est que chacun ait son bac et, comme le disait avec humour l'ancien ministre Luc Ferry : « Pour ne pas obtenir son bac aujourd'hui, il faut faire une demande écrite. » C'est à se demander pourquoi les élèves se soucient tant de leurs notes puisqu'ils ont quasiment l'assurance d'obtenir leur diplôme. Voilà ce qui compte, pour eux et pour leurs parents, dont la plupart ne se posent même pas la seule question qui vaille : qu'ont-ils engrangé pendant leurs années de lycée pour s'assurer une réussite raisonnable dans leurs études supérieures ?

Nos pédagogistes sautent à pieds joints sur l'occasion pour faire remarquer qu'il est urgent de supprimer ce bac qui ne signifie plus rien. Ils oublient de dire que l'on doit l'inanité de sa substance à leurs bons offices. Ils profèrent que cette lourde machine coûte très cher à la République, ce qui est vrai. Ils proposent donc de remplacer l'examen par un contrôle continu, ce qui est déjà en cours de réalisation puisqu'un certain nombre d'épreuves se passent pendant l'année de terminale, parfois même avec les professeurs de la classe (en sport, en langues...). Ceux qui résistent à cette idée font valoir, non sans raison, que le baccalauréat est un diplôme national qui garde une importante valeur symbolique même s'il ne constitue plus, comme c'est pourtant son rôle, le premier degré pour entrer dans l'enseignement supérieur. Ils craignent évidemment que le diplôme attribué par des établissements dont le niveau diffère de l'un à l'autre n'assure plus la valeur nationale qui était la sienne. L'argument est d'importance mais il faut être lucide et bien avouer que le niveau qui lui correspond ne signifie plus rien. En conséquence, ce n'est pas sur ces points, à mon humble avis, qu'il faut se fonder pour conserver au bac son caractère d'examen national. En effet, il est nécessaire de considérer un aspect qui prend de plus en plus d'importance dans nos lycées, qu'ils soient de centre-ville ou de la périphérie. Il suffit de suivre l'actualité (et encore, on nous cache beaucoup d'événements) pour voir combien le métier de professeur est risqué. Dans certains établissements, les jeunes, dont quelques-uns sont de véritables délinquants, usent quotidiennement avec bonheur de violences variées à l'égard des professeurs comme de leurs camarades. Nul doute que si le bac s'obtient par un contrôle continu des résultats, ces éléments perturbateurs n'hésiteront pas à jouer du couteau (pour ne pas parler d'armes à feu) pour impressionner les enseignants et les enjoindre à leur mettre de bonnes notes, quand bien même leurs devoirs se manifesteraient par leur indigence. N'allez pas croire que « les bons lycées » seraient épargnés. Là, point de voyous au verbe haut et au geste facile, mais des parents qui lorgneraient la meilleure mention pour leur rejeton et qui n'hésiteraient pas à contester toute note trop moyenne et à user de la menace au besoin. Certains le font déjà, promettant d'attaquer les enseignants ou le proviseur au tribunal administratif, et quelques-uns ne résistent pas au plaisir de flanquer, *manu militari*, la correction qui s'impose au professeur incriminé. Quelques faits d'actualité, encore rares fort heureusement, nous rapportent des rencontres entre un parent et un professeur qui se terminent par un séjour de ce dernier à l'hôpital, voire à la morgue. J'exagère ? Je pourrais multiplier les exemples.

On croit entendre la solution proposée par les doctrinaires ministériels : il suffit de supprimer les notes, et donc le baccalauréat. Tenons-nous-en aux compétences et à leur flou artistique, ce qui permettra de s'adapter aux ambiances locales et contribuera à la paix sociale. Chacun aura compris que la difficulté ne sera que repoussée. Au moins l'égalitarisme sera-t-il plus facilement respecté. Mais cette manière de gommer et de nier les différences oublie trop aisément les jeunes (de toutes conditions) qui sont méritants et qui ont besoin d'être aidés, encouragés parce qu'ils seront capables d'aborder des études supérieures et de les réussir. Comme toujours, la palme revient aux cancres, lesquels sont souvent fort sympathiques mais ne sont pas forcément à prendre comme référence en matière d'études (de quelque nature que ce soit).

Mme Belkacem envisageait même de prolonger l'égalitarisme dans le supérieur de façon à établir une sorte de licence pour tous. J'aurais pu lui faire une proposition : pourquoi, tant que nous y sommes, ne pas instituer un doctorat pour tous. Il n'y a pas à dire, voilà qui aurait de la gueule. En se promenant dans les rues de nos villes, on pourrait admirer la multitude de plaques qui en recouvriraient les murs : les titres de docteur en charcuterie (n'y voyez aucune médisance de ma part, j'aime trop le cochon pour cela), docteur en plomberie ou en coiffure s'aligneraient au côté de ceux des docteurs en médecine ou en pharmacie. Ainsi pourrions-nous dire que l'égalitarisme a atteint ses objectifs, mais ne serait-ce point au détriment de l'égalité, je veux parler de celle qui trône au cœur de la devise républicaine et qui ne concerne pas les professions (sinon il deviendrait urgent de créer un doctorat en chômage), mais bien les êtres humains eux-mêmes dans leur valeur intrinsèque, laquelle se moque bien des activités des uns ou des autres. Suggérons à nos éminents penseurs de méditer un instant sur le sens de l'article premier de la Déclaration des droits de l'homme et du citoyen du mois d'août 1789.

6

De l'orientation

L'orientation : voilà la grande affaire du moment. Qu'allons-nous faire de nos chères têtes blondes ou brunes ? Chacun s'en préoccupe dès leur plus jeune âge. La question est d'actualité parfois même dès l'école maternelle. Les parents échafaudent pour leur progéniture des projets grandioses, car le petit n'est pas seulement le plus beau, il est aussi le plus intelligent de la terre, et ce point de vue parental est bien compréhensible. Les enfants sont déjà sous pression, sous le poids d'un avenir imaginaire qui sera d'autant plus rose qu'on l'envisage glorieux. Se pose-t-on un moment la question de leurs capacités, de leurs aptitudes, de leurs envies mêmes ? Que nenni ! Ils feront ce dont leurs parents rêvent pour eux.

Chose entendue : un brave père de famille, ouvrier de son état, vient consulter le professeur principal de son fils qui suit une première S. Les résultats sont édifiants : le jeune n'a la moyenne dans aucune discipline, et surtout pas en mathématiques ou en sciences (les notes tournent plus autour de 5/20 que de 10). Mais, n'est-ce pas, il veut être médecin. Le professeur se tourne vers le garçon, d'un naturel sympathique, mais qui ne travaille pas et traîne après lui un ennui qui fait pitié. La médecine est cependant son seul souhait. Que dire au paternel ? Sans doute qu'une autre orientation serait préférable pour envisager une terminale couronnée de succès. Le père en est conscient ; il est effondré : « J'aurais tellement voulu qu'il puisse réaliser ce que moi je n'ai pas pu faire ! » Puis il se reprend : « Mais ne peut-il tout de même aller en terminale S ? » Le professeur le rassure : le choix de l'orientation de son fils ne dépend que de lui. Il suffit qu'il choisisse ce qu'il veut. Ouf ! Le père est rasséréné : « Alors il ira en terminale S pour faire médecine » décide-t-il en conclusion, en glissant dans sa poche un bulletin dont il ne veut plus voir les notes et en entraînant derrière lui un fils à l'air blasé qui ne s'est pas départi un moment de son apathie naturelle. Fallait-il lui rappeler qu'en première année de médecine seuls 15 % des étudiants réussissent leur concours ? Était-il en état de l'entendre ?

Mais avant d'arriver au lycée et de choisir une voie dans l'enseignement supérieur, il faut d'abord passer par le collège et tenter d'obtenir un bon établissement. Car c'est un effet de l'égalitarisme forcené qui sévit dans notre Éducation nationale : tout le monde doit être traité exactement de la même façon et avoir les mêmes chances quels que soient son niveau et ses aptitudes. Et, bien entendu, tous les collèges et tous les lycées doivent se trouver sur un pied d'égalité. J'entends une petite voix au fond de moi, celle du célèbre biologiste Jean Rostand qui disait, voici plus d'un siècle : « Nous sommes des individus et l'on veut faire de nous une collection de semblables. » Soyons clairs. Je suis le premier à souhaiter que les enfants des milieux défavorisés puissent être aidés et révéler leurs aptitudes. Notre devoir est d'éviter que de futurs Mozart soient assassinés, pour reprendre le titre d'un roman du siècle dernier.

Toutefois, l'égalitarisme n'est pas l'égalité, même s'il existe une inégalité qu'il est noble de vouloir combattre, l'inégalité sociale. Qui peut croire que tous les enfants pourront un jour bénéficier des mêmes conditions sociales pour étudier ? Celui qui est né dans une famille culturellement pauvre, dans laquelle même les parents ne parlent pas le français, ne pourra jamais rivaliser avec celui qui baigne depuis sa naissance dans un environnement culturel riche pour peu que ses parents lui portent un peu d'attention (ce qui n'est pas toujours le cas). Il n'existerait qu'une seule solution à la véritable égalité des chances, celle qui consiste à retirer les enfants de leur famille pour les élever tous ensemble selon un modèle unique. Il n'y eut à ma connaissance dans l'histoire que deux tentatives pour réaliser cette folle utopie. La première à Sparte dans l'Antiquité, mais l'objectif était tout autre ; il s'agissait de créer une émulation entre les jeunes et leurs aînés fondée sur des liens affectifs forts pour le plus grand bénéfice de l'efficacité militaire. La seconde dans l'Union soviétique de Staline qui regroupait en communauté les jeunes enfants dès l'âge de 7 ans ; cette dernière tentative n'a pu se prolonger très longtemps parce qu'une société ne peut ainsi briser avec profit la cellule familiale. Aujourd'hui, il est clair que l'école est un creuset dans lequel les futurs citoyens se retrouvent et apprennent à vivre ensemble, théoriquement quelle que soit leur origine sociale. L'école de la IIIe République avait assez bien réussi dans ce sens, mais de nos jours la seule considération économique est davantage créatrice d'inégalité que d'égalité. La principale raison de cette erreur d'appréciation tient dans la définition de la notion d'égalité des chances. L'école de Jules Ferry estimait que cette égalité devait être offerte à la base, c'est-à-dire que tous les enfants devaient avoir la même chance de pouvoir apprendre à lire, à écrire et à compter ; à eux ensuite, suivant leurs capacités et leurs aptitudes, de faire fructifier ce savoir fondamental jusqu'aux plus hautes études, s'ils le pouvaient. De nos jours, on conçoit l'égalité des chances à l'arrivée, sans tenir compte des capacités des uns ou des autres ; tout le monde doit avoir un baccalauréat, signe indubitable d'une égalité de niveau supposée ouvrant la voie à toutes les possibilités d'études supérieures sans différenciation. Un titulaire de baccalauréat professionnel, même s'il n'a jamais entendu parler de philosophie de toute sa scolarité, peut, s'il le désire, s'inscrire à la Sorbonne pour étudier Kant ou Nietzsche. Et voilà comment, nourris d'illusions, de nombreux jeunes sont fatalement laissés librement se diriger vers l'abattoir, avec comme perspective encore ignorée l'échec, l'abandon des études, une profonde frustration et, dans la foulée, avec l'absence de toute qualification, une appétence certaine pour le chômage...

Mais revenons de façon concrète à la manière dont l'institution prépare cette gabegie. Le seul remède que le ministère conçoit pour lutter contre la différence culturelle qui sépare les jeunes des familles modestes de ceux dont les familles ont les moyens, ou pour parler plus crûment les pauvres et les riches, se nomme l'argent. Le dieu des temps modernes. On va donc distribuer des bourses et des aides multiples. Je précise tout de suite que ces aides financières sont très utiles, souvent indispensables, et qu'il ne faudrait surtout pas en faire l'économie. Mais là où se niche l'hypocrisie, c'est de faire croire qu'une allocation supplée aux carences de l'éducation et de l'instruction réunies. Or, dans l'orientation des élèves du collège au lycée, notre ministre pense qu'il suffit de brasser les élèves dans les établissements pour que tout s'arrange. En effet, un nombre de points substantiel est accordé aux boursiers qui leur permet d'obtenir le lycée de leur choix. Cela constitue l'égalité sociale. Mais comme les murs desdits lycées ne sont pas extensibles, et que certains – horreur ! – conservent le titre (toujours valable ou non) de « bons lycées », aux avantages offerts par la bourse s'ajoute la nécessité de présenter une bonne moyenne générale en troisième pour y entrer. Cette sélection s'avère impensable dans la démarche égalitariste de notre hiérarchie. C'est pourquoi, depuis 2012, les recteurs ont pour mission de mettre en place une autre forme d'égalité que l'on nomme « égalité scolaire ». De quoi s'agit-il ?

Le raisonnement officiel est très clair : s'il est normal que les enfants défavorisés socialement puissent obtenir le lycée de leur choix, il n'est pas juste que seuls y parviennent parmi eux ceux qui ont une bonne moyenne générale. Il faut donc pouvoir accorder cette « chance » également à ceux qui n'ont rien fait et ont eu de pitoyables résultats. Ainsi, dans le pourcentage de boursiers venus de quartiers défavorisés qui ont obtenu « un bon lycée », il faudra que l'on trouve, à côté d'élèves jugés bons, un certain nombre d'éléments en grande difficulté. Il ne vient pas à l'esprit de tous ces stratèges subtils que tous les enfants ne sont pas faits pour entrer dans un même moule avec des capacités qui sont identiques. Il en résultera que ces élèves très faibles seront rapidement démotivés, créant parfois des troubles importants dans les classes où on les aura parachutés, empêchant les autres de travailler, et finissant généralement par nourrir un absentéisme chronique. Dans la réalité, ces élèves, qui n'arrivent pas à suivre et subissent souvent un temps de trajet trop long, se retrouvent désocialisés parce qu'ils sont sortis de leur milieu et doivent être réorientés. La mixité sociale n'aura duré qu'un an.

La stratégie admet un corollaire inévitable : le sacrifice des enfants des classes moyennes même lorsque leurs résultats sont bons. Je ne parle pas ici des jeunes issus des milieux aisés parce que, grâce à la fortune paternelle, de plus en plus d'établissements privés leur offriront un enseignement de qualité qui leur permettra de sortir de cet imbroglio par le haut. Veut-on un exemple concret ? Ces années dernières, seule une quinzaine à peine d'élèves de troisième du collège Charlemagne à Paris (alors qu'il existe quatre classes de troisième dans cet établissement) ont obtenu de pouvoir poursuivre en seconde au lycée Charlemagne, situé de l'autre côté de la rue. C'est dire que même de bons élèves ont été envoyés dans des lycées plus lointains et souvent, disons-le, de moindre renommée. Mais près d'un élève sur deux est entré en seconde dans ce même lycée en provenance des arrondissements les plus défavorisés (souvent en ZEP) uniquement parce qu'ils étaient boursiers et que les points accordés de ce fait leur donnaient la priorité. Peut-on parler d'égalité lorsque votre enfant, qui a obtenu d'excellentes notes dans le collège proche de chez vous se voit interdit le passage au lycée voisin et expédié dans un établissement de piètre réputation situé à quarante minutes de métro ? Ne se dit-on pas que l'État veut vous faire payer le malheur de n'être pas un indigent, titulaire d'une bourse, mais d'être simplement une personne qui vit du fruit de son travail ? Que faire pour vos enfants méritants si votre salaire moyen ne vous permet pas de les inscrire dans un établissement privé ? De surcroît, il existe une grande inégalité entre les lycées parisiens puisque, Paris étant divisé en quatre secteurs, les lycées du centre-ville qui appartiennent au secteur est doivent accueillir un beaucoup plus grand nombre de boursiers (jusqu'à 83 % au lycée Turgot par exemple) que les lycées du secteur ouest (10 %). Ainsi voit-on se confirmer la grande hypocrisie de l'égalité. En outre, il est clair que, pour les bons élèves issus de la classe moyenne, il vaut mieux ne pas habiter l'est parisien.

Souhaitez-vous tenter un recours auprès du rectorat ? Vous recevrez une réponse type qui vous explique qu'avec la meilleure bonne volonté du monde personne ne peut rien pour vous puisque le logiciel a tranché et décidé du sort de votre gamin. Cette machine infernale porte un nom : Affelnet. De quoi s'agit-il ? D'une spécificité bien française, d'un algorithme qui attribue un certain nombre de points en fonction de plusieurs critères : le secteur de l'établissement demandé, les résultats obtenus en troisième (avec un « lissage » des notes des diverses disciplines censé harmoniser les résultats) et surtout un bon nombre de points attribués aux élèves boursiers qui leur permet de passer devant leurs petits camarades. Bien mieux, le système est encore affiné pour la rentrée 2017 et doit s'adapter aux contraintes du nouveau livret scolaire (cf. notre chapitre sur l'évaluation)

LES IDÉES NOIRES DE LA PHYSIQUE

Vincent Bontems & Roland Lehoucq

qui préfère évaluer les compétences par des appréciations subjectives et bien floues. C'est ainsi que l'on attribuera des points en fonction de la maîtrise des composantes du socle commun des connaissances : 10 points si cette maîtrise est jugée insuffisante, 25 si elle reste « fragile », 40 si elle s'avère satisfaisante et 50 si elle est bonne. Mais quelle différence précise permet d'estimer une connaissance « satisfaisante » et non « bonne » par exemple ? Il est bien évident que le niveau exigé pour obtenir telle ou telle appréciation n'est pas le même d'un collège à l'autre. Déjà, nous savons bien que certains professeurs, dans les collèges défavorisés, surnotent leurs élèves pour leur donner une chance d'accéder à un lycée plus prestigieux. Bien mieux encore, dans les établissements où il est très difficile de faire cours et où toute l'énergie des professeurs s'épuise à tenter de faire asseoir les élèves, vu qu'il est interdit de mettre de très mauvaises notes, les plus faibles et les plus indisciplinés obtiennent des résultats proches de la moyenne ; comment noter alors ceux qui sont très sages et font un effort ? Ils méritent d'avoir une moyenne autour de 17 ou 18/20, ce qui leur assure le passage dans un bon lycée... où ils seront très vite noyés faute d'avoir pu bénéficier d'un véritable enseignement dans leur collège d'origine. Les points obtenus lors de la conversion des appréciations du livret scolaire en notes, après une nouvelle harmonisation, vont se traduire par une échelle de notes ramenées à 3 – 8 – 13 – 16. Ainsi y aura-t-il beaucoup d'ex aequo, ce qui sera tranché une nouvelle fois par les points donnés aux boursiers, et aura l'avantage, pour le ministère, de ne pas attribuer de notes supérieures à 16, ignorant ainsi les meilleurs élèves. Je ne veux pas entrer dans les détails d'un système très complexe et dont toutes les données ne sont pas encore définitivement arrêtées, mais chacun peut comprendre que cette nouvelle disposition d'Affelnet n'est pas faite pour essayer d'améliorer les graves inégalités – je n'hésite pas à dire aussi injustices – que le système a engendrées.

Nous pourrions alors nous interroger sur les raisons de cet engorgement qui provoque de pareils dysfonctionnements. Il en existe bien entendu un certain nombre, mais l'une des principales me semble résider dans le fait que le ministre de l'Éducation nationale tient beaucoup à ce que le choix de l'établissement revienne aux parents. Les professeurs, en conseil de classe, ne sont plus là que pour donner quelques conseils. Or, bien qu'il existe plusieurs possibilités d'orientation (lycée général, lycée technologique, lycée professionnel, centre d'apprentissage...), il est bien évident que les parents ne prennent en considération qu'une voie possible, celle du lycée général et plus particulièrement du bac S. Comment leur en vouloir ? A-t-on déjà vu une mère, un père qui ne souhaite pas pour son enfant ce qu'il juge le plus prestigieux ; surtout si ces parents sont d'un milieu modeste. En outre, le choix est difficile, car combien de parents connaissent véritablement les différences, les possibilités offertes par les différentes voies d'orientation ? Ils en savent surtout ce que chacun peut constater, à savoir que les voies professionnelles notamment sont celles où sont obligatoirement regroupés tous ceux qui sont les plus faibles au collège parce qu'aucun lycée général ne pourra les accueillir avec leur barème Afflenet tant que les murs desdits lycées ne seront pas extensibles.

C'est une véritable discrimination dont souffrent l'enseignement professionnel et l'apprentissage. Celle-ci a d'abord une origine historique. Après la seconde guerre mondiale, alors que peu d'élèves allaient au lycée, les hommes politiques de gauche et notamment les communistes se sont acharnés à jeter le discrédit sur les métiers manuels et ont tout fait pour prolonger la scolarité en voulant que tout apprentissage se passe à l'école. Certes nous savons aujourd'hui combien il est important d'acquérir des connaissances générales et la base d'une culture quel que soit le métier que l'on fera. Cependant les spécialistes n'ont pas manqué de remarquer que les gestes d'un certain nombre de métiers doivent s'apprendre jeune et sur le terrain. Les lycées professionnels ont en charge de remplir cette mission mais elle est souvent rendue impossible en raison du niveau et de l'absence de motivation des collégiens qui y entrent. Il existe cependant certaines filières prestigieuses et créatrices d'emplois comme l'hôtellerie. Mais les métiers auxquels elle prépare sont d'une grande exigence et nécessitent une sélection des candidats. J'ai eu l'occasion de visiter des sections hôtelières et j'ai pu en apprécier la discipline, la rigueur, qui en font une véritable école de la vie. Malheureusement, il n'en va pas de même pour tous les établissements. Et cependant les structures sont là qui pourraient offrir la même exigence de formation dans les nombreux secteurs qui sont proposés. Sait-on par exemple qu'il existe environ 870 lycées professionnels publics aujourd'hui (auxquels s'ajoutent 640 privés) ? Comment transformer cette voie professionnelle en voie de la réussite ? Je ne m'attarde pas sur un certain nombre de réorganisations techniques qui seraient nécessaires, notamment par une meilleure collaboration avec le monde du travail, mais je pense surtout à l'image qu'elle donne, généralement négative pour les raisons que nous avons vues, et qui ne s'améliorera pas tant que la discipline n'y sera pas rétablie, tant que ces établissements ne pourront pas devenir des lieux d'excellence où perdure le savoir-faire à la française, tant qu'on n'y apprendra pas un esprit de compagnonnage, et surtout tant que les parents décideront seuls de l'avenir de leurs enfants. Autrement dit tant que continueront à régner le laxisme et la démagogie qui constituent les deux oriflammes de notre ministère.

Car là se trouve bien le verrou qu'il est urgent de faire sauter. Le système est en effet engorgé parce que ce sont les parents qui décident et que tous veulent la même orientation pour leurs enfants, influencés qu'ils sont par l'idée que seules les études abstraites et intellectuelles sont valorisantes. Le conseil des professeurs doit pouvoir jouer son rôle et bénéficier d'une autorité en la matière. Prenons un exemple vécu. Une jeune fille venue d'un collège de l'est parisien a obtenu une place en seconde dans un « bon lycée » du centre-ville grâce à sa bourse. Ses résultats sont assez catastrophiques. Elle n'a visiblement aucune appétence pour les études, malgré les heures de soutien qui lui sont proposées. Elle commence à déserter le lycée, et l'absentéisme se fait chronique. La mère, qui l'élève seule, qui elle-même ne travaille pas et vit des allocations, refuse qu'elle soit réorientée en fin d'année et, comme son passage en première est inenvisageable, elle exige, ce qui est son droit, un doublement. Deuxième seconde qui n'est guère meilleure que la précédente. L'absentéisme est toujours là. À la fin de l'année, l'ensemble des professeurs propose à nouveau une orientation dans une voie technologique ou professionnelle. Refus de la mère. Sa fille doit aller en première S. Finalement, après d'éprouvantes négociations avec le proviseur adjoint et une obstination maternelle sans faille, de guerre lasse, la direction du lycée accepte son passage en première S. Il est inutile de dire que cette année de première est catastrophique, même si l'acharnement du professeur principal finit par limiter grandement l'absentéisme de l'élève. Il faut humainement imaginer aussi la souffrance de cette gamine qui ne fait rien parce qu'elle ne comprend rien et qui traîne à longueur de journée un ennui désespérant. Le professeur principal, à grand-peine, convoque la mère pour tenter de lui faire comprendre que sa fille va à l'échec et qu'il est urgent de lui trouver une orientation où elle puisse réussir quelque chose (si c'est encore possible...). La mère vient enfin, mais toute discussion s'avère inutile. À bout d'arguments, le professeur principal lâche : « Mais enfin, madame, pouvez-vous me dire pourquoi vous tenez tellement à ce que votre fille soit en échec ? » La réponse est immédiate : « Mais, monsieur, je veux que ma fille reste dans ce lycée parce qu'il se trouve dans un beau quartier. » Que répondre à cela ? D'autant plus qu'un changement de voie, et donc d'établissement, ne dépend que du bon vouloir de la mère. Le proviseur lui-même a tenté en vain de la convaincre. Conclusion, le passage en terminale étant de droit et relevant du seul choix de la famille, cette fille se retrouve en terminale S avec des résultats encore plus catastrophiques s'il est possible, et un absentéisme qui reprend de plus belle. Quel avenir pour cette enfant ? Quelle motivation aussi pour les professeurs qui constatent jour après jour (car malheureusement le cas de cette jeune fille n'est pas unique) leur complète impuissance.

Fort heureusement, tous les parents ne font pas montre d'une telle obstination. Beaucoup sont lucides mais se trouvent fort démunis lorsqu'il s'agit de choisir une orientation pour leur enfant. Prenons le cas des études après le baccalauréat. Un autre système est alors proposé aux élèves de terminale pour choisir leur avenir : le fameux APB (admission post-bac) qui agite les chaumières chaque année de décembre à mars au point que tous les journaux, les magazines, les radios et les télévisions y vont de leurs explications et de leurs conseils pour tenter d'éclairer les parents… désorientés. Prenons le cas des élèves des filières du lycée général, c'est-à-dire de ceux qui sont en L, ES ou S. Les plus doués (et quelques autres) rêvent de faire une CPGE (classe préparatoire aux grandes écoles). Là encore, point d'égalité. Seuls les meilleurs peuvent espérer entrer dans le sein d'un grand lycée parisien comme Henri-IV ou Louis-le-Grand, voire d'un grand lycée privé comme Stanislas ou Sainte-Geneviève. Les autres seront admis dans d'autres classes préparatoires, à Paris et en province, dans des lycées de bonne réputation, mais dont la réussite aux concours des plus grandes écoles se trouve plus limitée. Enfin, les « prépa » de lycées de banlieue ou de villes moyennes accueilleront ceux dont les résultats sont moins brillants et qui se contentent d'ailleurs de présenter les concours d'écoles moins prestigieuses (écoles de commerce ou d'ingénieurs). D'une certaine façon, nous pouvons dire que l'admission dans une classe préparatoire permet d'apprendre à travailler et d'améliorer son niveau.

Ces sections se sont multipliées et donnent l'impression de s'être démocratisées. Là encore il ne s'agit que d'une illusion. En effet, il y a quarante ans, le nombre d'étudiants issus de la classe ouvrière admis dans ces sections était d'environ 9 %. C'était déjà peu. Mais, après des années de démagogie et d'affaiblissement de l'enseignement secondaire, ils ne sont plus que 3 %… Cherchez l'erreur. Au reste, les jeunes et leurs parents ont beaucoup de mal à s'y retrouver dans la forêt de sigles qui leur est proposée pour leurs chères études en classe préparatoire. Ainsi, si vous êtes intéressé par un avenir d'ordre économique ou commercial, il ne faut pas vous tromper de section : choisirez-vous EC, ECS, ECT ? EC convient si vous venez de S, ECS étant réservé aux élèves issus de ES (voire de L), et ECT à ceux qui viennent de STMG. À chacune de ces voies correspond un concours dont la difficulté est variable mais qui, une fois qu'on l'a réussi et que l'on a accédé à l'école désirée, vous place à égalité avec ceux qui ont suivi les autres filières. Mais vous ne pouvez pas présenter le concours des étudiants qui sortent de la section technologique si vous venez de S. Si bien que, pour ceux qui désirent entrer dans une école de commerce mais dont le niveau en seconde est fragile, ou plus simplement pour ceux dont le courage et la bravoure n'égalent pas ceux du chevalier Bayard, il peut être intéressant d'aller en première STMG, afin de poursuivre leurs études dans une prépa ECT et d'obtenir le concours correspondant plutôt que de se lancer dans la prestigieuse filière S. Encore faut-il être au courant, et l'on voit beaucoup de prétentions et d'espoirs laminés au moment de l'admission dans une bonne classe préparatoire, et plus encore au vu des résultats du concours. Mais comment un jeune de 15 ans peut-il déjà savoir quel avenir il compte se forger et en déduire une stratégie qui lui permette d'atteindre son but ? Beaucoup d'élèves de terminale, à quelques jours de la clôture des inscriptions sur APB, ne savent toujours pas dans quelles études ils souhaitent se lancer.

Ce dernier constat est surtout vrai pour les élèves des sections scientifiques du lycée général qui se trouvent en S parce que leurs parents l'ont voulu mais qui sont nombreux à éprouver des difficultés dans les matières à fort coefficient comme les mathématiques, la physique et les sciences et vie de la terre. Il suffit d'observer les orientations finalement choisies pour constater que beaucoup d'entre eux ne se destinent absolument pas à des études scientifiques. On peut en trouver même un certain nombre dont l'évolution est surprenante. Ainsi, ce garçon, intelligent mais paresseux, qui n'a eu que 4/20 à l'épreuve de mathématiques de son bac S (ce qui ne l'a pas empêché d'obtenir son diplôme !) et qui est revenu me voir quelques années plus tard, épanoui et heureux, en ayant trouvé sa voie dans la profession de tatoueur. Chaque année, je m'enorgueillis de quelques réussites en matière de déviation lorsque certains de mes latinistes de terminale S choisissent *in fine* de se lancer dans des études littéraires.

Pour ces scientifiques aussi, qui se destinent à des carrières d'ingénieurs à des niveaux divers, il s'agit de choisir entre la MPSI (mathématiques-physique et sciences de l'ingénieur), la PCSI (physique-chimie et sciences de l'ingénieur), la PTSI (physique, technologies et sciences de l'ingénieur), la BCPST (biologie, chimie, physique et sciences de la terre), pour ne rien dire des prépa BL (lettres, sciences sociale, et mathématiques) ou autre BEL (théoriquement plus littéraire mais qui permet aussi de guigner une école de commerce)... Et il ne s'agit là que d'un aperçu rapide qui laisse imaginer toute la complexité du système et l'état de sidération dans lequel se trouvent parents et enfants à l'heure de formuler jusqu'à trente-six vœux sur la grille APB. Encore y aurait-il beaucoup à dire sur la manière dont il faut remplir sur le site Internet le fameux formulaire puisqu'il n'est pas possible d'afficher ses premiers choix sans avoir d'abord précisé des vœux de substitution. Si bien que APB, outre le casse-tête qu'il représente, s'assimile à une sorte de jeu de hasard dont chacun ignore ce qu'il va sortir. C'est dire combien il faut perdre de temps en heures d'information prises sur les heures de cours pour permettre aux jeunes de s'y retrouver. Les professeurs s'y emploient de bonne grâce et ne manquent pas de faire réfléchir leurs élèves sur la nécessité de mettre en adéquation leurs vœux et leurs résultats. Mais voilà qui ne plaît pas à tout le monde, et notamment aux parents – je parle de ceux qui traitent les professeurs avec un mépris affiché. C'est ainsi par exemple que j'ai entendu aux informations, sur Europe 1, la mère d'une fille en terminale ES qui s'indignait avec la dernière véhémence parce que le professeur principal de la gamine avait « osé » donner « des conseils à [sa] fille sur son orientation pour remplir APB ». J'entends encore sa virulence : « De quoi se mêle-t-il ! Il n'y connaît rien. Cela ne le regarde pas. Moi seule sais ce qui convient à ma fille. » Un bel exemple de la considération que les parents portent aux professeurs de leurs enfants. Ou, si l'on préfère, un bel exemple de la mentalité de certains qui n'envisagent l'école que comme un vulgaire produit de consommation.

Parmi toutes ces possibilités d'orientation, il en est une bien commode qui offre un débouché assuré : l'université. Si les classes préparatoires peuvent se permettre de sélectionner les candidats, parfois même d'exiger – pour les plus cotées – une mention « très bien » ou « bien » au baccalauréat, les universités sont tenues d'accepter tout le monde. Et quand je dis tout le monde, cela suppose qu'il n'y aura aucune sélection, pas même en ce qui concerne les études antérieures. En théorie, tous les baccalauréats se valent, et le détenteur de cette peau d'âne, quelle que soit sa section d'origine, a la liberté de choisir les études qu'il veut entreprendre. C'est ainsi qu'un diplômé d'un lycée professionnel dans lequel il a appris la mécanique peut, si l'envie lui en prend, décider d'aller à la Sorbonne pour étudier une discipline dont il n'a jamais entendu parler auparavant. Et nul ne peut l'en empêcher. En conséquence on a pu voir au fil des années – je peux en témoigner – une dégradation certaine du niveau de notre enseignement universitaire et une désaffection importante du public. En général ceux qui se sont fourvoyés comme dans le cas précité ne restent pas plus de deux mois sur les bancs de la faculté. Les statistiques ont montré qu'en moyenne, 40 à 50 % des étudiants seulement passaient en troisième année (et qu'en moyenne toujours il fallait plus de trois ans à un étudiant pour réussir ses deux premières années). Il suffit de voir, en début d'année, l'affluence dans les amphithéâtres dans certaines disciplines (comme l'anglais ou les lettres modernes) – même si en s'asseyant sur les marches, il n'y a pas de place pour accueillir tout le monde. Deux mois plus tard, de nombreux sièges sont disponibles dans les travées. Beaucoup d'étudiants ne savent pas gérer leur temps et leur travail et ils continuent à agir comme lorsqu'ils étaient au lycée. Dans le secondaire, la tolérance est extrême et les élèves savent bien que même s'ils ne viennent pas en cours, même s'ils ne font pas leur travail, même si leurs résultats sont lamentables, il ne leur arrivera rien et ils auront leur baccalauréat. Certes certains professeurs ou certains conseillers d'éducation qui ont de la constance et veulent continuer à y croire ne manquent pas d'admonester les contrevenants et de tenter de les convaincre de la nécessité de travailler un peu, mais les jeunes, conscients de leur impunité, au mieux plient l'échine en attendant que l'orage passe, au pire clouent de leurs sarcasmes ces vieux ringards au pilori de leur arrogance. Mais, une fois à l'université, plus personne n'est là pour s'intéresser à eux, ce qui leur donne une grande et douce impression de liberté, mais les conduit à l'échec, dont eux seuls paieront les conséquences. J'ai ainsi connu beaucoup d'étudiants, souvent fort sympathiques mais très velléitaires, que j'appelais affectueusement mes « papillons ». En première année, ils s'essayaient par exemple aux lettres classiques ; après leur échec ils recommençaient en s'adonnant à l'histoire ; nouvel échec ; pourquoi ne pas tenter une année de philosophie, puis une année de langues ? Ils passaient ainsi trois ou quatre ans sur les bancs de la fac sans jamais obtenir le moindre diplôme. Ils finissaient par abandonner, amers et aigris, car ils avaient la sensation – et c'était au fond une réalité – d'avoir suivi plusieurs années d'études, mais, faute d'avoir jamais travaillé, ils se retrouvaient sur le pavé nantis de leur seul baccalauréat. Je pense aussi aux nombreuses cohortes de jeunes qui veulent absolument se lancer dans des études de psychologie pour suivre la mode. Ils sont plusieurs milliers chaque année alors que nous savons qu'à la sortie de leurs études (pour ceux qui iront jusqu'au bout) seuls quelques centaines d'entre eux sont assurés de pouvoir trouver un emploi. Est-il honnête de les laisser s'engager dans une voie dont nous savons qu'elle les mènera au chômage ? Certes, certains, plus astucieux, comprennent alors qu'il est temps de se reconvertir. Je pense à ce reportage qui montrait précisément une ex-étudiante en psychologie devenue boulangère, artisan et artiste en son genre, qui multipliait les expériences et inventions dans son domaine et trouvait son bonheur dans l'exercice de son art. Cela demande beaucoup de courage et aussi de travail. Ces deux qualités ne sont malheureusement pas les plus répandues parmi les jeunes qui, refusant parfois d'affronter la triste réalité, préfèrent vieillir quelque temps en usant leurs fonds de culottes sur les bancs d'une université, suivant sporadiquement des cours dont ils ne retiendront rien. Ceux-ci se retrouveront donc sur le pavé nantis de leur seul baccalauréat qui ne leur sera d'aucun secours pour trouver un emploi. On a coutume d'évoquer les 150 000 jeunes qui sortent chaque année du système scolaire sans aucun diplôme, mais il faudrait ajouter à ce triste bilan le nombre encore plus important de ceux qui abandonnent leurs études après quelques mois d'essai ou après plusieurs années d'échec et qui n'ont pour tout diplôme qu'un inutile baccalauréat. Cela fait du monde !

On comprend dès lors que l'université ne pouvait se redresser qu'en exerçant elle aussi une sélection qui lui était officiellement interdite. Bien des moyens ont été utilisés à cette fin. Il y a quelques années, certains établissements universitaires avaient imaginé d'inscrire les étudiants dans l'ordre d'arrivée puisqu'il était difficile de repousser les murs. Ces inscriptions se faisaient soit par courrier soit par une présentation physique. C'est ainsi que l'on a vu, deux jours avant l'ouverture, des files innombrables s'allonger sur les trottoirs devant la porte de la fac. Les futurs étudiants s'organisaient, se distribuant des numéros pour contrecarrer la tricherie, apportant leur sac de couchage pour passer une nuit ou deux à la belle étoile à même le bitume tandis que les parents complaisants venaient les réconforter en leur livrant force sandwiches. Parmi les filières les plus prisées figuraient les STAPS, c'est-à-dire les études pour devenir professeur de sport. On n'imagine pas combien, aujourd'hui encore, les jeunes peuvent être séduits par le sport ou la psychologie… On a même vu, je m'en souviens, des jeunes handicapés en fauteuil roulant faire la queue sur le trottoir en bonne place si bien que l'université se trouvait dans l'obligation de les inscrire. Dans certaines villes, comme à Bordeaux, les locaux de la faculté n'étant plus assez spacieux pour accueillir toutes ces vocations sportives, l'université s'est trouvée dans l'obligation de louer en ville un cinéma qui puisse accueillir tout le monde ! On imagine bien que pareille solution n'a pas résolu grand-chose. Ces années dernières, plusieurs universités ont donc eu l'idée, pour établir une sélection qui permette aux étudiants motivés et à niveau de poursuivre des études sérieuses, de créer plusieurs filières distinctes. Ainsi, pour suivre la voie la plus exigeante, celle d'une double licence, il a été décidé de n'inscrire que les étudiants nantis d'une mention « très bien » au baccalauréat (ont été admis aussi certains jeunes avec mention « bien », mais après avoir satisfait aux exigences d'un test) ; puis, pour ceux dont le niveau était plus moyen, a été créée une section intermédiaire ; enfin une dernière filière recueillait les canards boiteux. Naturellement, dans un souci de communication bien dans l'air du temps, chacune de ces sections s'est vue affublée d'une appellation pompeuse (par exemple, pour les cancres, ce fut la filière « Réussite »). Ainsi l'université a-t-elle pu redresser la barre, et surtout permettre à ceux qui en avaient la volonté et les capacités de suivre un enseignement de qualité sans être perturbés par des visiteurs occasionnels. Cependant, dans certaines voies, ces procédés de substitution ne suffisent pas. Prenons le cas typique des études de médecine, dans lesquelles s'engouffrent tête baissée de nombreux bacheliers scientifiques. Il en est parmi eux qui ont toujours obtenu de très piètres résultats à la fois en mathématiques, en physique et en SVT, en première puis en terminale. D'anciens élèves viennent parfois leur expliquer la difficulté de passer le concours de première année, avec ses 15 % de reçus, parfois moins. Qu'à cela ne tienne ! Ils s'accrochent à leurs rêves, et l'échec est pour les autres. Ils ont « le droit » de s'inscrire dans cette filière, fussent-ils les derniers de leur classe de terminale. Cette année encore, il faut bien faire un tri, car on ne peut construire pour chaque rentrée une nouvelle université ! Le nombre de demandes croît de manière inquiétante et constante. Et voilà qu'au nom de l'égalitarisme on veut avoir recours à la plus injuste et à la plus inégalitaire des solutions, à savoir : procéder à un tirage au sort. Certains bons lycéens travailleurs ont suivi toute l'année des cours supplémentaires pour préparer leur entrée en médecine et, par les caprices du sort, ils peuvent se trouver éliminés et voir pris à leur place des jeunes aux résultats pitoyables qui ne tiendront pas trois mois sur les bancs d'un amphithéâtre. Tel est le comble de l'hypocrisie ! Comment eût-il fallu procéder ? La réponse est pourtant simple : accepter les demandes de ceux dont les résultats scolaires leur permettent de poursuivre ces études avec profit. Et, dans un système mû par le bon sens et le pragmatisme, les autres n'auraient guère à se trouver dépités puisque l'autorité des professeurs leur aurait permis d'être orientés vers d'autres voies depuis la troisième ou la seconde. « Oui, mais si tel était leur désir ? » Là encore le bon sens, certes un peu sévère mais réaliste, conduit à faire observer qu'il ne suffit pas de vouloir, il faut d'abord pouvoir.

On voit, dans cette histoire, que le lycée, contrairement à ce que prétendait un ancien ministre de l'Éducation nationale (Lionel Jospin pour ne pas le nommer), est très loin d'apprendre la vie aux jeunes qui le fréquentent. Il en est si loin qu'en ne faisant aucune sélection (au meilleur sens du terme, c'est-à-dire non pas au sens d'élimination, mais au sens d'orientation suivant les niveaux et les capacités), en renonçant également à toute émulation (pour éviter l'élitisme), il prépare assez mal à des études supérieures souvent exigeantes et difficiles, parce que la vie est exigeante et qu'il est difficile d'y faire sa place. Il serait trop long ici et trop prétentieux de ma part de présenter un certain nombre de mesures simples qui permettent de clarifier et de faciliter l'orientation des jeunes. Mais il en est une qui sera de toute façon indispensable et dont on ne pourra pas faire l'économie si l'on veut trouver une solution plus efficace. Il s'agit de recréer un juste équilibre entre la place des familles et celle des professeurs. Il est bien normal que les parents ne soient pas à même d'évaluer les capacités de leurs enfants dans la mesure où ils les voient avec les yeux de l'amour et ne sont pas forcément capables d'estimer à leur juste valeur les travaux scolaires sur lesquels reposent les voies de l'orientation. Il leur est aussi difficile de faire abstraction de leurs propres rêves pour leur progéniture. Je me souviens d'une mère qui voulait absolument que son fils suivît une première S. Les résultats en mathématiques et en physique s'étalaient entre 1 et 2,5/20, mais elle voulait y croire parce que son désir était que son fils devînt astrophysicien. Et elle préférait laisser son gamin encaisser ses échecs successifs et son mal de vivre au lycée plutôt que de comprendre que l'objectif du garçon n'était pas forcément le sien. Par ailleurs, devant le nombre croissant de bacheliers qui prétendent s'engouffrer dans les voies universitaires, les locaux devenant insuffisants, de plus en plus de jeunes se retrouvent sans affectation. Cette année 2017, le chiffre de 117 000, et encore de 87 000 après le 14 juillet, a été avancé ! Malgré les promesses du ministère, il faut parler de mission impossible, et voilà que l'on évoque à nouveau le tirage au sort ! Mais que fera-t-on de ceux que les dieux n'auront pas choisis ?

J'ajoute que les cellules d'écoute qui se développent pour mieux entendre le stress des jeunes adolescents au lycée ont noté qu'un grand nombre de cas de stress aigu se développaient précisément en première S chez des élèves qui n'avaient pas les capacités pour en suivre les programmes. Beaucoup de parents ne pensent pas à la difficulté de vivre au quotidien, heure après heure, cours après cours, pour des jeunes qui ont trop de mal à suivre, à comprendre et qui, de toute façon, au bout de la route, même avec un baccalauréat très facilement distribué à tout le monde, seront forcés de choisir des études qui ne correspondront en rien à celles des sections suivies dans le secondaire. Et, faut-il le rappeler, de plus en plus de cas tragiques de suicides d'adolescents ont pour cause cet état de stress trop important pour être supporté sur le long terme par leurs jeunes épaules. Lorsque l'on se trouve devant ces cas extrêmes, on ne peut que se sentir impuissant et mesurer amèrement toutes les conséquences de la démagogie ministérielle qui empêche totalement de rendre audible la voix des enseignants.

7

De la laïcité

La loi de Jules Ferry sur l'école, de 1882, a mis un certain temps à prendre racine dans les terres de la France profonde. L'idée de la laïcité cependant n'était pas nouvelle. Plusieurs philosophes du XVIIIe siècle avaient déjà réfléchi sur la question de l'inégalité sociale et sur celle de la tolérance. Condorcet, illustre savant et franc-maçon, écrivit sur la fin de sa vie des pages décisives sur la nécessité que tous les enfants puissent apprendre à lire quelle que soit leur origine sociale, ce qui, à l'époque, était véritablement révolutionnaire. Un siècle plus tard à peine, un autre franc-maçon ministre de la République fit passer l'idée que l'école devait être ouverte à tous, gratuite, laïque et obligatoire. Mais l'Église mit de nombreuses années à plier devant le pouvoir de l'État, et l'on sait qu'il fallut quelques bagarres musclées pour qu'enfin fussent retirés les crucifix des murs des salles de classe. Nous possédons plus d'un témoignage émouvant de la condition de ces hussards noirs de la République que le gouvernement envoya jusqu'au fond des campagnes pour que tous les enfants apprissent à lire, écrire et compter. Des pages célèbres nous racontent les mille et une humiliations subies par ces jeunes institutrices et instituteurs qui devaient résister aux petits prêtres mesquins et avides pour que cessent les discriminations.

Depuis ces temps héroïques qui avaient enfin établi une forme d'égalité des chances aux premières années de la vie des enfants en leur apportant le savoir libérateur, l'école laïque avait pu progresser jusqu'à occuper une place glorieuse au cœur du XXe siècle. Combien de personnes illustres d'origine modeste ont pu, grâce à l'école, s'élever jusqu'aux plus hautes sphères de la République ? Je n'en citerai qu'une qui a valeur de symbole : le président Pompidou, dont le grand-père était paysan et qui, par son travail et son intelligence, a pu parvenir jusqu'à la rue d'Ulm et à l'agrégation. Il a eu l'excellente idée de ne pas faire de trop vieux os dans une profession aux perspectives d'avenir limitées, de passer par la banque avant d'entrer en politique puis de devenir Premier ministre, et enfin président de la République. Ses solides études littéraires, nourries de latin et de grec, lui ont conféré une dimension humaniste de tout premier plan puisqu'elles lui ont permis de briller dans des voies si diverses. Et nous pourrions citer bien d'autres exemples, comme celui du président Senghor, condisciple de Pompidou à Louis-le-Grand et à l'École normale supérieure, qui a présidé magistralement aux destinées du Sénégal. Qu'on me pardonne de penser, en passant, que l'absence de cette culture humaniste chez trop de nos dirigeants actuels n'est sans doute pas étrangère à la difficulté qu'ils ont de mener avec succès le destin de la France.

Aujourd'hui, ces temps glorieux et laborieux ont vécu, et la laïcité est battue en brèche avec bonheur par d'autres courants religieux que le christianisme. C'est une nouvelle bataille qu'il faut mener, à l'instar de celle de nos ancêtres voici un peu plus d'un siècle contre les soutanes ecclésiastiques. Et l'ardeur dont font preuve ces nouvelles communautés contre une laïcité qui menace l'autorité de leurs religieux n'a rien à envier à celle des chrétiens au tournant du XXe siècle. Je n'ai aucunement la prétention de parler de la laïcité de la société en général, car je n'y ai aucun titre sinon celui d'être un républicain convaincu et laïque. Mais je veux simplement évoquer la situation au quotidien dans les établissements scolaires et jusqu'à l'université. Je n'entrerai donc pas dans les subtilités des philosophes sur les diverses natures de cette laïcité, sur les arguties des uns et des autres, qui sont généralement induites par des convictions politiques fortement colorées. Je tiens à m'en tenir au terrain et à ce que vivent les professeurs face à des jeunes dont certains sont tiraillés entre les règles de l'école et l'emprise que des parents et des religieux exercent sur leurs jeunes cervelles.

Il faut bien savoir que, si la tolérance est une vertu républicaine, elle n'est jamais l'apanage de ces otages d'une religion et que les tenants de celle-ci ne céderont en aucun cas, revenant par tous les moyens possibles à la charge, bien décidés à imposer leurs vues et leurs pratiques à chaque échelon du cursus scolaire. Comble d'ironie, ils sont les premiers à accuser les professeurs de manquer de tolérance dès que ceux-ci n'acceptent pas que leurs enfants transgressent les règles de l'école. Il faut alors leur expliquer qu'ils confondent, volontairement et en pleine connaissance de cause, la tolérance et le laxisme. Ils ont un don certain pour se victimiser et pour culpabiliser les enseignants. Il faut dire que nos démagogues ministériels, quoi qu'ils en disent, leur ont souvent prêté une oreille complaisante. Certains recteurs d'académie sont prêts à leur donner raison afin d'éviter tout remous. Il ne reste alors que le courage des chefs d'établissement et des professeurs pour résister sans se laisser intimider par des menaces, au mieux sous-entendues, mais aussi parfois explicites. Encore faut-il qu'ils soient eux-mêmes attachés à la laïcité. J'ai connu ainsi un proviseur à Paris, une femme fière de sa judéité qui était originaire de Tunisie, qui gardait un œil protecteur sur les enfants juifs en général, et sur ceux dont la famille venait d'Afrique du Nord en particulier. En début d'année, elle m'indiquait les noms des élèves de cette religion et ajoutait : « Ce sont mes petits protégés… » Elle parlait de leurs parents comme des « coreligionnaires » et favorisait sans vergogne ceux qui ne suivaient pas les règles de l'institution, allant jusqu'à manœuvrer pour éviter à des élèves juifs insupportables des sanctions lourdes, mais n'hésitant pas à réunir un conseil de discipline pour un jeune musulman qui avait chahuté (avec d'autres restés impunis) une collègue d'anglais. Un cas archétypal m'est demeuré en mémoire. Il s'agissait d'une jeune Tunisienne d'obédience juive d'une insolence rare qui provoquait tous les enseignants, ne fournissait aucun travail et venait même au lycée sans livres ni cahiers. Elle se savait soutenue par le proviseur et réussit ainsi à passer l'année sans qu'aucune demande de sanction sérieuse ne pût aboutir. À la fin de l'année, avec environ 4/20 de moyenne générale, elle n'obtint pas de passage en première. Les parents firent appel. Deux jours avant la commission d'appel, le proviseur me téléphona chez moi vers 19 heures (ce qui fut la seule fois en une dizaine d'années) pour me demander de rédiger un rapport favorable pour cette élève, rapport qui devait être lu devant la commission. J'ai éludé, arguant que les résultats et les appréciations des bulletins parlaient d'eux-mêmes. L'appel fut rejeté, et le proviseur m'en garda rancune pendant un an, ne reculant devant aucune petite vexation à mon endroit… ce dont je me moquais éperdument ! Comment un tel chef d'établissement peut-il être le garant de la laïcité dans un lycée public ?

Je veux donner deux exemples vécus des difficultés qu'un professeur rencontre pour faire respecter la laïcité au sein de ses classes, car il s'agit aujourd'hui d'un véritable combat chaque jour plus âpre sans toujours le soutien de la hiérarchie, même quand le chef d'établissement est de votre côté. Et encore ces deux exemples vécus dans un bon lycée du centre de Paris n'offrent-ils qu'un pâle reflet de la réalité telle que la vivent les enseignants de tant d'établissements moins bien lotis. On peut alors comprendre qu'ils finissent par abandonner, soit sous la menace, soit par lassitude devant l'acharnement des élèves et de leurs familles.

Le premier exemple concerne une charmante et brillante élève de confession juive. Cette année-là, elle suit mes cours de latin dont l'un se déroule le samedi matin. Je la connaissais déjà mais ignorais qu'elle suivît sa religion de façon stricte. Aussi, dès le début de l'année, je la vis qui se mettait au fond de la classe le samedi matin et suivait le cours sans rien écrire. C'est alors qu'elle m'expliqua que sa religion lui interdisait l'usage de l'écriture ce jour-là. J'appris avec stupeur que l'année précédente, elle avait suivi les cours tous les samedis sans jamais se saisir d'un stylo. Son père avait directement pris contact avec les professeurs et obtenu d'eux qu'elle pût ainsi suivre ce précepte religieux radical. Ce n'est pas là une coutume que je pouvais accepter dans un établissement laïque. J'en informai le proviseur qui partagea mon avis et tomba des nues lorsqu'elle sut que cela durait depuis déjà un an. Le père tenta de me circonvenir discrètement après s'être procuré mon adresse courriel personnelle de façon pour le moins peu correcte. Je n'ai pas répondu et ai signifié à sa fille que je ne tolérerais pas cette pratique. Ou elle travaillait normalement ou je ne l'accepterais pas en cours. Le proviseur convoqua les parents et subit à cette occasion des pressions très désagréables. La mère, plus ou moins juriste de profession, avait apporté des dossiers de jurisprudence concernant des cas similaires et promettait d'alerter toutes les autorités. À mon grand étonnement le proviseur me dit ensuite et en *aparte* que, si elle s'adressait au recteur, elle obtiendrait certainement gain de cause. Mais aux parents elle donna une semaine pour que leur fille se conformât aux règles en vigueur faute de quoi il leur faudrait choisir un autre établissement. Bien évidemment, la jeune fille resta élève dans notre lycée et travailla normalement le samedi matin (même si dans un premier temps elle essayait d'écrire au crayon à papier sur une feuille blanche pour pouvoir effacer ensuite les notes prises en cours et laisser croire à ses parents qu'elle pouvait ne point écrire... Mais je ne la laissai pas faire). Je fus quand même surpris de constater que l'argument du traitement d'égalité pour chacun dans une école laïque n'avait aucune prise sur elle ni sur ses parents. Je leur expliquai que je ne saurais comment faire si une de ses camarades musulmanes me demandait de pouvoir faire sa prière en se tournant vers La Mecque aux heures consacrées, ou bien si j'étais mis en présence d'adventistes du septième jour. Ces derniers en effet ne doivent point se trouver hors de chez eux quand le soleil est couché ou n'est pas encore levé. Les cours de latin ayant lieu tôt le matin ou en fin de journée, j'ai montré aux parents qu'un adepte de cette religion serait donc absent une bonne partie de l'année, de la fin de l'automne au début du printemps. Mais les parents ont cru que je me moquais d'eux dans la mesure où, dans leur esprit, il n'existe qu'une seule vraie religion, la leur, et où les autres se résument à de vagues superstitions. Il s'est d'ailleurs produit un événement intéressant dans le courant de l'année puisque leur fille s'est trouvée malade au lycée un samedi matin ; le conseiller principal d'éducation a appelé le père pour qu'il vienne la chercher et, lorsqu'il est arrivé, il a refusé de signer la décharge lui permettant de la ramener chez lui sous prétexte qu'il n'écrivait pas le samedi. Si le CPE avait voulu suivre le règlement, il n'aurait pas laissé sortir la fille dans ces conditions, mais il a eu pitié et c'est lui qui a cédé. Comment qualifier l'attitude d'un père qui place le respect d'une pratique religieuse au-dessus des impératifs de la santé de sa fille ?

Mon second exemple concerne une fille musulmane qui porte le foulard dès qu'elle sort du lycée et le garde autour de son cou à l'intérieur, car elle connaît parfaitement les règles et ne tient pas à se faire mettre à la porte du lycée. C'est elle qui a voulu venir dans cet établissement laïque bien qu'elle n'habitât pas le secteur, et son père a précisé avec un large sourire au proviseur et à moi-même qu'il avait fourni une fausse adresse dans le quartier pour obtenir l'affectation de son enfant dans ce lycée. Le père, qui a une bonne situation dans une organisation internationale et est habillé à l'occidentale, a prétendu que c'est sa fille elle-même qui avait décidé de porter le voile dès l'âge de 13 ans (comme si une enfant de cet âge-là pouvait prendre ce genre de décision à l'abri de toute influence...) ; et il a, par la même occasion, obtenu une bourse pour sa fille puisqu'il touche son traitement à l'étranger et qu'il ne déclare aucun revenu en France ! La jeune fille, toujours très correcte et très discrète, fait néanmoins preuve d'une fermeté de caractère étonnante. Tous les jours de l'année, elle porte une de ces longues jupes qui descendent jusqu'aux pieds et, alors qu'était proposé à toute la classe un voyage scolaire intéressant, elle a dans un premier temps refusé de s'y inscrire sous le prétexte qu'elle ne pourrait pas y « pratiquer sa religion », c'est-à-dire porter le voile. J'avais en effet rappelé que, lors d'un tel voyage sous la responsabilité du lycée, ce sont les règles de l'établissement et donc de la laïcité qui s'exercent, interdisant tout port d'un signe religieux ostentatoire (loi de 2004). J'ai essayé de parler avec elle parce qu'elle était évidemment fort tentée de ne pas se distinguer de ses camarades, mais elle a fait montre d'un déterminisme sans faille, arguant que, si elle portait une jupe islamique, c'était parce qu'il ne s'agissait pas d'un signe ostentatoire interdit, et qu'elle plaçait la loi religieuse au-dessus de celle de la République. Le proviseur et moi-même avons rencontré son père qui était, pour sa part, favorable à ce voyage mais laissait sa fille décider et ne comprenait pas notre « intolérance ». Il pensait nous circonvenir avec un discours abondant et fort mielleux, mais nous n'avons pas cédé. Finalement, sa fille s'est inscrite pour participer à ce voyage à la condition qu'à défaut de foulard elle pourrait porter une coiffe... qui s'est trouvé être une sorte de turban (à la mode islamique, mais autorisé !). Cela tombait bien : le soleil était au programme de notre destination et chacun avait pour recommandation de se couvrir la tête.

Ces exemples sembleront sans doute bien anodins à côté de ce qui se passe au quotidien dans un grand nombre d'établissements et partout en France. Sait-on par exemple qu'il existe près de Toulon un collège d'environ 500 élèves dont vingt-cinq seulement ne font pas le ramadan ? Le principal a dû lutter contre le représentant des parents d'élèves, un musulman, qui, au vu de la fréquentation de l'établissement, réclamait l'instauration de pratiques islamiques. Voilà qui semble infirmer la prétendue décision de sauvegarder l'équilibre et l'égalité dans les écoles de la République. Le ministère répond volontiers qu'il n'est pas toujours possible d'y parvenir suivant les situations géographiques des établissements. Mais alors comment expliquer qu'un collège parisien, qui n'est pourtant pas dans une zone isolée, soit à 100 % fréquenté par des élèves africains d'origine subsaharienne ? Il peut alors être bien difficile d'appliquer le principe de laïcité. Et que dire encore de l'école de l'État, à Limeil-Brévannes, qui forme les infirmières et infirmiers scolaires et dont les élèves se rendent chaque semaine à la mosquée pour apprendre de l'imam comment il convient de soigner les jeunes fidèles ?

Il est important de se défier des discours pseudo-philosophiques. Tous ceux qui veulent ouvrir une brèche dans le rempart de la loi de 1905 s'abritent derrière une foule de mots auxquels chacun fait dire ce qui lui convient. On y défend une laïcité ouverte, une laïcité tolérante, une laïcité positive, une laïcité inclusive, ou encore multiculturaliste pour ne pas dire émancipatrice... Chacun l'aura compris, ces formules s'opposent en bloc à ce que les adversaires de la laïcité nomment la laïcité intolérante. Ceci ne veut rien dire. Il n'existe pas plus de laïcité ouverte que de laïcité fermée. La laïcité n'est ni une porte ni une fenêtre. Elle n'est pas davantage plus positive que négative, et elle ne saurait se montrer intolérante puisqu'elle se définit précisément par la tolérance, notamment la tolérance religieuse qui n'existe pas, rappelons-le, dans les pays dominés par ces religions monothéistes dont aucun n'est une démocratie.

Dans le domaine du quotidien, ces expressions fumeuses servent à culpabiliser les autorités pour imposer à tous des modes de vie qui ne sont pas ceux de notre civilisation. Prenons un exemple simple qui a fait couler beaucoup d'encre : les menus des cantines scolaires. Je peux témoigner que dans nombre d'établissements on en était venu à supprimer totalement le porc. Il me paraît tout à fait normal de ne pas imposer la viande de cet animal à ceux qui, en raison de leurs superstitions alimentaires, sans doute justifiées dans des temps forts lointains, ne souhaitent pas en consommer. Est-ce une raison pour que tous les autres, y compris les juifs et les musulmans qui ne suivent pas ces prescriptions ancestrales, en soient également privés ? Le comble tient dans le fait que la suppression du porc à la cantine était justifiée par le souci d'harmoniser les menus dans l'objectif du célèbre « vivre ensemble ». Et comme il ne fallait pas mécontenter ceux qui récriminent au nom de la laïcité, on a préféré en priver ceux dont on n'attendait pas de réactions violentes. Alors, pourquoi ne pas passer à l'étape supérieure et, comme dans certains établissements, supprimer toute viande qui n'aurait pas été abattue selon le rituel exigé ? L'idée s'est alors généralisée, lorsque c'était possible, de proposer deux menus, l'un traditionnel et l'autre végétarien. Que croyez-vous qu'il arriva ? Dans les établissements où la communauté musulmane se trouvait importante, c'est la loi du plus fort qui a prévalu. Ceux qui ne suivent pas l'exemple des grands frères sont immédiatement discriminés. C'est ainsi par exemple que dans un collège du secteur de Mantes-la-Jolie, pendant le ramadan, ceux qui observaient le jeûne descendaient à la cantine à l'heure du repas pour cracher dans les assiettes des infidèles qui prétendaient se remplir l'estomac. De pareilles pratiques, dont évidemment personne ne parle, que l'on niera même à l'occasion, mais que je tiens d'un CPE qui officiait dans cet établissement, sont autrement plus graves que l'histoire (pourtant exacte) du fameux pain au chocolat racontée par un homme politique de droite et qui a fait largement gloser. La vérité, que nos idéologues bien-pensants refusent même d'entendre, c'est que dans certains collèges, entre élèves, c'est la loi du plus fort qui l'emporte au mépris des règles de la laïcité en particulier et de la République en général. Sous couvert de tolérance, il faut plutôt parler de la complaisance de nos autorités (sans doute parce qu'elles ne parviennent pas à faire respecter la loi), complaisance qui confine rapidement à la compromission, c'est-à-dire à la soumission à ceux qui prétendent imposer leurs règles. Ceux qui connaissent un peu les cités célèbres des banlieues de nos grandes villes savent de quoi je parle. Il ne s'agit plus seulement de l'école, mais des quartiers dans lesquels la police et les pompiers n'ont plus le droit de pénétrer. J'ai pu moi-même être témoin de la réception réservée à une petite voiture de police qui prétendait faire sa ronde aux abords de la cité des Tarterêts à Corbeil voici déjà un certain nombre d'années. La célèbre bande de l'endroit avait réussi à monter au sommet d'une tour de dix étages une plaque d'égout en fonte qu'elle a balancée sur la voiture de police. La plaque s'est positionnée sur la tranche pendant sa chute et est venue sectionner la voiture, le toit et le plancher, jusqu'au bitume. Fort heureusement, elle est passée entre les deux policiers et aucun n'a été blessé. Inutile de préciser qu'ils sont partis en courant sans demander leur reste. Ce n'est pas le seul exemple que je pourrais donner de ces leaders de quartiers qui proclament haut et fort que chez eux ne s'applique pas la loi de la République. Et chacun se souviendra peut-être d'avoir vu un très intéressant documentaire à la télévision (sur France 2), montrant comment les hommes d'un quartier de Sevran imposent leurs règles comme s'ils étaient au bled (femmes voilées à qui les hommes interdisent de pénétrer dans un café, etc.). Inutile de se cacher derrière « les éléments de langage » selon lesquels, par exemple, le voile garantirait la liberté de la femme. Fallait-il, au moment où l'histoire des trois collégiennes de Creil en 1989 a provoqué le débat que l'on sait, être bien naïf, ou bien endoctriné, pour ne pas comprendre que laisser passer un doigt, c'était le lendemain s'exposer à ce que passent tout un bras puis le corps en entier. Fallait-il être hypocrite pour monter cette affaire en épingle politique et affirmer qu'il s'agissait d'un coup de la droite ! A-t-on oublié que Jack Lang estimait « ces foulards très seyants », que Mme Mitterrand défendait l'idée qu'il fallait accepter toutes les traditions « quelles qu'elles soient » et que son président de mari trouvait ces jeunes filles « très charmantes avec leur foulard » ? Aujourd'hui, le président sortant se contente de déclarer à des journalistes (qui ont publié un livre retentissant) : « Qu'il y ait un problème avec l'islam, c'est vrai, nul n'en doute. » Mais, pour l'école, il se contente de vouloir une simple charte de la laïcité alors que son Premier ministre n'hésitait pas à affirmer qu'« une minorité agissante », les salafistes, était « en train de gagner la bataille idéologique et culturelle... ». Rassurons-nous ! Nous pouvons être certains que les meneurs dans les collèges et les lycées ont dû être très effrayés à la lecture de ladite charte ! On objectera qu'heureusement il ne s'agit pas de la majorité des élèves de confession musulmane (sauf dans certains établissements), mais il faut bien savoir que la minorité est agissante et qu'elle impose le silence à ses coreligionnaires plus modérés. Ajoutons que le changement d'imam dans une cité peut avoir des répercussions sur les jeunes qui vont à l'école. Je me souviens d'une collègue (elle-même musulmane mais laïque) qui était outrée du refus de certains de ses élèves de première d'étudier un texte de Victor Hugo sous prétexte que ce que disait le poète n'était pas dans le Coran. J'ai vu aussi des jeunes gens qui refusaient de suivre les cours d'un professeur femme. Et à l'université où le foulard n'est pas interdit, tout ne se passe pas aussi bien que les voix officielles l'affirment. On a pu remarquer par exemple que toutes les jeunes filles concernées se regroupaient en cours et refusaient de parler à leurs camarades du sexe opposé ou de leur serrer la main. Comment s'étonner si ensuite, dans le monde professionnel, comme l'actualité nous en a offert plusieurs exemples, une telle attitude se perpétue ? Bien mieux, certains professeurs ont même observé pendant les examens certaines pratiques de tricherie au sein du groupe de ces jeunes filles musulmanes. Mais il est bien entendu très difficile d'intervenir sous peine de se faire traiter de raciste avec parfois une grande violence. Aujourd'hui, certains politiques posent la question du port du voile à l'université et se heurtent évidemment à des organisations islamiques soutenues par certains partis démagogues qui n'ont pas compris que chaque jour la laïcité se laissait grignoter un peu plus. Parmi les dirigeants de ces partis, la palme de l'hypocrisie revient sûrement à cette ancienne ministre qui a présenté sa candidature (sans succès) aux élections législatives de juin 2017 en Seine-Saint-Denis et qui, pendant sa campagne, pour visiter une mosquée et flatter les électeurs, n'a pas manqué de porter le voile comme si elle était musulmane.

Il n'existe au monde que quatre pays qui ont inscrit la laïcité dans leur constitution, dont la France. Et la Turquie, pays cependant musulman, et qui, il y a peu encore, interdisait le port du voile par les étudiantes. Mais aujourd'hui le président turc a autorisé ce signe religieux à l'université. La fraction de l'islam la plus radicale étend peu à peu son pouvoir partout où elle sent une faiblesse, et son prosélytisme violent est bien déterminé à imposer la loi religieuse. Un ancien ministre socialiste l'a dit un jour dans un discours : « La société doit s'organiser pour empêcher les prises de contrôle qui seraient contraires à ce qu'elle considère comme non négociable. » C'était une façon de refuser la tyrannie d'une minorité que caractérise une vision totalitaire de la société. Et alors ? Qu'avons-nous fait concrètement pour cela ? Rien. Je crains malheureusement que les belles paroles, fussent-elles fracassantes, n'impressionnent guère ceux qui sont déterminés à agir et à s'imposer par la force. Peut-être est-il déjà trop tard, mais le développement de cette hypothèse nous entraînerait dans des considérations qui nous éloigneraient trop de l'école.

Je veux néanmoins rappeler que la laïcité constitue l'épicentre du pacte républicain. C'est elle qui garantit la liberté, l'égalité et la fraternité, valeurs qui sont inscrites au fronton de nos écoles. Sans longuement développer, la liberté consiste à permettre à chacun de cultiver ou non une croyance, de suivre ou non une religion, mais à la condition que cette pratique se limite à la sphère privée et ne s'exerce qu'à la maison ou dans le cadre d'un lieu de culte reconnu. Il ne saurait en être question au sein des établissements scolaires, hormis évidemment pour un enseignement objectif des diverses religions – et il en existe plus de 180 sur la planète aujourd'hui – afin de préserver la paix entre chacun des futurs citoyens. C'est à mes yeux une hérésie de parler comme nous le faisons aujourd'hui abondamment de « communautés ». La communauté chrétienne, la communauté juive, la communauté musulmane, la communauté homosexuelle... Et pourquoi pas bientôt la communauté des plombiers chauves et bisexuels du Limousin ? La notion même suscite des divisions dans la société et, par voie de conséquence, appelle aux affrontements. Je rappelle parfois à mes jeunes auditeurs que je ne connais qu'une seule communauté : celle des citoyens de la République. Avec la liberté (et les contraintes mêmes qui accompagnent cette valeur), il faut parler de l'égalité parce que chacun se trouve assis sur les bancs de l'école avec les mêmes droits et les mêmes devoirs. Cela exclut tout prosélytisme, tout signe ostentatoire religieux ou autre qui n'auraient pour but que de marquer des différences. Et de ce point de vue certains réfléchissent aujourd'hui aux différences vestimentaires qui distinguent les riches des moins nantis. Faudrait-il revenir au port d'un uniforme comme cela se fait dans certaines démocraties (au Japon par exemple) sans que cela présente de difficultés ? La question mériterait qu'on s'y attardât. Enfin, cette égalité qui permet de prévenir toute forme de discrimination trouve son accomplissement dans l'apprentissage de la fraternité. Celle-ci est sans doute la plus difficile de nos valeurs à atteindre. Il s'agit d'apprendre à respecter ce qui creuse inévitablement les différences entre chacun, qu'elles soient culturelles, spirituelles ou religieuses. Sans cette fraternité, il est impossible de vivre ensemble, et l'école en est le principal creuset, précisément en raison de la laïcité strictement observée parce que chacun porte en lui son origine, son éducation, ses convictions, et aussi parce qu'il apprendra à l'école à se forger les outils intellectuels grâce auxquels il usera de son esprit critique, sans rien renier de ce qui fait sa personnalité, mais en acceptant les différences ; et il travaillera à les résoudre dans un esprit de tolérance qui exige une ouverture de l'intelligence et du cœur. Car la fraternité républicaine ne saurait être une mosaïque (pour ne pas dire un patchwork) d'individus (ou de communautés) qui vivraient chacun son destin dans l'ignorance et l'indifférence des autres, n'attendant de la République que des moyens de survie sans se soucier d'avoir lui-même à contribuer à l'union nationale.

Je voudrais citer ici un extrait d'un texte qui me semble essentiel et lumineux dans sa simplicité bien éloignée des arguties de nos « grands penseurs ». Il s'agit du rapport de la Commission de réflexion sur l'application du principe de laïcité, voulu par le président de la République en juillet 2003 et rendu en décembre de la même année. Il rappelle d'abord que cette question de la laïcité est réapparue en 1989 là où elle était née un siècle plus tôt, à l'école. « Elle transmet les connaissances, forme à l'esprit critique, assure l'autonomie, l'ouverture à la diversité des cultures, et l'épanouissement de la personne, la formation des citoyens... Une telle mission suppose des règles communes clairement fixées. Premier lieu de socialisation et parfois seul lieu d'intégration et d'ascension sociale, l'école influe très largement sur les comportements individuels et collectifs. À l'école de la République sont accueillis non de simples usagers, mais des élèves destinés à devenir des citoyens éclairés. L'école est ainsi une institution fondamentale de la République, accueillant pour l'essentiel des mineurs soumis à l'obligation scolaire, appelés à vivre ensemble au-delà de leurs différences. Il s'agit d'un espace spécifique, soumis à des règles spécifiques afin que soit assurée la transmission du savoir dans la sérénité... Elle n'est pas un sanctuaire, mais elle doit favoriser une mise à distance par rapport au monde réel pour en permettre l'apprentissage. Or, dans de trop nombreuses écoles, les témoignages ont montré que les conflits identitaires peuvent devenir un facteur de violence, entraîner des atteintes aux libertés individuelles et provoquer des troubles à l'ordre public. » Plus loin, la commission revient sur « les tensions suscitées par les revendications identitaires et religieuses, la formation de clans, par exemple, des regroupements communautaires dans les cours de récréation ou les cantines scolaires ». On ne peut mieux dire ni plus simplement décrire les dangers que le développement des communautarismes dès le plus jeune âge représente pour la laïcité. Cela m'évoque un documentaire télévisé tourné au lycée Turgot à Paris. À l'heure de la récréation, le caméraman avait montré la cour dans laquelle discutaient ou s'amusaient de petits groupes isolés les uns des autres. En s'approchant de chacun d'eux, il révélait les différences identitaires. Ici, un groupe important de Maghrébins, là un autre groupe presque aussi nourri d'Africains, plus loin les Asiatiques et enfin, dans un coin plus reculé, une petite dizaine de Blancs qui se faisaient le moins possible remarquer et qui, lorsqu'on les interrogea, se définissaient comme Français, voire, *mezza voce*, comme chrétiens. Pour moi, cette scène signe l'échec de la laïcité à l'école et de ce que la bien-pensance appelle pompeusement « le vivre ensemble ». Mais l'origine de cet échec n'incombe pas à l'école (même si elle a volontiers bon dos) ; il s'agit bien d'un échec de la politique sociale dans la cité. La preuve par l'exemple que les mesures laxistes prises par nos autorités depuis un certain nombre d'années produisent l'effet radicalement contraire à celui que les citoyens seraient en droit d'attendre pour affirmer et défendre les valeurs républicaines.

8

Les objectifs de l'école

La question des programmes est étroitement liée à celle de l'objectif que la République s'assigne pour l'école. C'est un point important qu'il faut clarifier et qui touche à la mission dévolue aux professeurs dans notre société. Sans remonter au déluge ni dresser un historique qui n'aurait pas sa place ici, il me semble essentiel de rappeler le rôle de la Révolution française. Certes, nos révolutionnaires n'ont rien inventé, ni les salles de classe ni les écoles sinon que celles-ci étaient auparavant réservées aux riches, mais ils ont eu le souci de placer l'école au centre de leur ambition. En effet, ils avaient compris que la liberté du peuple si chère à leur cœur dépendait étroitement de l'instruction qui seule pouvait former des citoyens éclairés et des hommes libres. Et, pour que l'égalité (la vraie, non pas l'égalitarisme) fût réalisée, il fallait que tous les enfants de France eussent les mêmes maîtres, les mêmes livres, les mêmes programmes. Il fallait en outre que tous eussent la même possibilité d'accès au savoir et, pour cela, que fût assurée la gratuité. Il s'agissait alors d'un beau et doux rêve éducatif, car les temps troublés qui s'annonçaient allaient retarder d'un siècle sa réalisation. On comprend pourquoi l'école tient une telle place au cœur de la République, au point que cette dernière veut aujourd'hui lui confier toutes les fonctions.

Condorcet, dans son *Rapport et projet de décret sur l'organisation générale de l'instruction publique*, a écrit à ce sujet des phrases qu'il est bon de se remémorer pour rendre à l'école son véritable rôle : « Offrir à tous les individus de l'espèce humaine les moyens de pourvoir à leurs besoins, d'assurer leur bien-être, de connaître et d'exercer leurs droits, d'entendre et de remplir leurs devoirs ; assurer à chacun d'eux la facilité de perfectionner son industrie, de se rendre capable des fonctions sociales auxquelles il a droit d'être appelé, de développer toute l'étendue des talents qu'il a reçus de la nature, et par-là, établir entre les citoyens une égalité de fait, et rendre réelle l'égalité politique reconnue par la loi, tel doit être le premier but d'une instruction nationale. » Il ne s'agit pas seulement que les hommes « deviennent capables de bien remplir les fonctions nécessaires à la société », mais que les progrès offrent « des moyens de bonheur individuel et de prospérité commune », en un mot que, dans chaque génération, « les facultés physiques, intellectuelles et morales » puissent « contribuer au perfectionnement général et graduel de l'espèce humaine » (ce qui est une formule empruntée au rituel de la franc-maçonnerie à laquelle appartenait Condorcet), voilà ce que doit être, selon le savant philosophe, « l'objet de l'instruction ». Et Condorcet avait même prévu que cette instruction se poursuivît, après l'école, tout au long de la vie. « Ainsi l'instruction doit-elle être universelle, c'est-à-dire s'étendre à tous les citoyens », et répartie avec « toute l'égalité » possible. Et d'ajouter : « Elle doit embrasser le système tout entier des connaissances humaines, et assurer aux hommes, dans tous les âges de la vie, la facilité de conserver leurs connaissances et d'en acquérir de nouvelles. »

Qu'on me pardonne ces citations un peu longues, mais il me semble que cet homme des Lumières a défini avec précision, et néanmoins avec ambition, ce qui fait la raison d'être de l'école. Je dois dire que l'idée la plus importante pour moi est celle que l'école doit apporter à chacun une culture la plus large et la plus solide possible dans ses jeunes années, comme un socle solidement bétonné sur lequel il pourra construire le futur qu'il souhaitera. Or, aujourd'hui, l'école est devenue l'objet de toutes les convoitises, un vaste fourre-tout qui survole un grand nombre de connaissances et de pratiques dont aucune ne sera suffisamment étayée pour assurer la fermeté de ce socle. Si bien que la base de l'édifice que nos jeunes espèrent dresser n'a plus rien de la solidité du béton mais fait davantage penser à des sables mouvants. Le texte de Condorcet comporte bien des mots-clés. Nous y retrouvons les termes de la devise républicaine, mais aussi ceux de bonheur et de prospérité auxquels nous sommes attachés tout autant que les hommes du XVIIIe siècle. Mais le mot principal, celui que l'on a volontairement occulté et qui demeure cependant au centre du projet des révolutionnaires, c'est celui d'instruction. Sous l'influence (néfaste) des pédagogistes du XXe siècle, il a été éradiqué pour laisser sa place à celui d'éducation, à l'acception plus étendue et plus généralisée, avec un sens évidemment plus politique. L'école se voit en charge des enfants dans tous les aspects de leur développement, au détriment des parents qui se sentent parfois dépossédés de leur devoir – ou qui sont fort contents de l'être. Il ne s'agit pas, bien évidemment, de cloisonner la vie de l'enfant mais de revenir à une intelligente complémentarité entre les deux fonctions qui vont permettre aux jeunes de devenir de véritables citoyens, la fonction d'éducation qui appartient à la famille, et celle d'instruction qui échoie à l'école. Cette distinction permettrait à la société de ne pas charger l'école de nombreuses missions qui ne lui reviennent pas. Non ! Les professeurs ne sont pas tout à la fois des parents, des assistantes sociales, des « psy », des instructeurs politiques, et que sais-je d'autre… Les dentistes pensent qu'il faudrait apprendre à l'école comment se brosser les dents ; les nutritionnistes sont d'avis que l'école est le lieu où l'on doit connaître comment composer un menu ; les médecins du planning familial estiment qu'à l'école il faut enseigner la contraception et comment placer un préservatif ; la sécurité routière verrait d'un bon œil qu'on enseignât à l'école le code de la route et, pourquoi non, qu'on y passât son permis... Bientôt, les inspecteurs des impôts exigeront qu'on se délecte à l'école du remplissage d'une déclaration et Monsieur le maire souhaitera que les jeunes gens découvrent à l'école les obligations des futurs mariés. Cela peut aboutir à des situations cocasses, et les plus anciens se souviendront de l'université Paris-Vincennes où, après 1968, les travaux pratiques sur la sexualité rencontraient une certaine faveur auprès des étudiants. Eh bien non ! Je persiste : l'école ne peut recueillir tout ce que la société n'est plus capable d'assurer, tout ce que la famille n'arrive plus à assumer. Nous savons combien la société va mal ; il est trop facile d'en accuser l'école, qui en devient le bouc émissaire.

Néanmoins, j'entends les observations des démagogues grincheux qui feront remarquer que l'éducation est un tout et que l'on ne peut ainsi couper l'école de la société. C'est là une évidence et je leur ferai remarquer que c'est justement aujourd'hui, avec leurs méthodes novatrices (?), que cela se passe. Jamais en effet, quand je regarde nos jeunes lycéens, les préoccupations de leur vie n'ont été aussi étrangères à ce que nous leur demandons à l'école. J'ai déjà eu l'occasion d'expliquer combien, au sein de nos établissements, ils se trouvaient en terre inconnue. Mais il existe un lien entre l'école, la famille et la vie sociale qui interdit tout clivage hasardeux à la condition qu'il soit entretenu et sans cesse affermi, un lien qui était déjà prévu dans la célèbre loi de Jules Ferry du 28 mars 1882, il s'agit de la morale républicaine. Cette loi, rappelons-le, fut le fondement de notre enseignement laïque. Elle permettait précisément de distinguer « l'instruction religieuse » qui appartient « aux familles et à l'Église » de « l'instruction morale » dont l'enseignement revient « à l'École » (notez le É majuscule qui, dans l'esprit de l'auteur, accordait la même importance aux deux institutions). Avec une différence notable entre l'Église et l'École puisque la morale de la première est par essence intolérante quand la morale républicaine et laïque autorise et reconnaît toutes les croyances à la seule condition d'observer à l'école une neutralité pacifique. Jules Ferry le rappelle dans sa lettre adressée aux instituteurs : « Il a paru tout naturel que l'instituteur, en même temps qu'il apprend aux enfants à lire et à écrire, leur enseigne aussi ces règles élémentaires de la vie morale qui ne sont pas moins universellement acceptées que celles du langage et du calcul... Car, ce que vous allez communiquer à l'enfant... c'est la sagesse du genre humain, c'est une de ces idées d'ordre universel que plusieurs siècles de civilisation ont fait entrer dans le patrimoine de l'humanité. » Sans doute serait-il utile de relire parfois ces textes parce qu'ils nous rappellent notre vocation première. La morale religieuse invite à un repli sectaire sur ce que nous appelons aujourd'hui sa communauté ; la morale républicaine constitue au contraire le lien qui doit unir tous les citoyens et leur permettre de vivre ensemble : c'est celle-ci que nous devons transmettre à l'école.

Aujourd'hui, la pédagogie, fille des « sciences de l'éducation », l'emporte largement sur les connaissances et la transmission d'une culture. C'est de cela que l'école crève. Le XXe siècle a vu se développer un grand nombre de théories, souvent contradictoires, au bas mot disparates, produites par des esprits qui se croyaient innovants alors qu'ils ne réglaient souvent que des particularités. Il est inutile ici de rappeler la longue liste de toutes les méthodes et expériences proposées dont quelques-unes ont séduit quelques-uns mais dont aucune n'a vraiment permis de résoudre les difficultés qui sont apparues au cours du siècle. Je dirais que l'école laïque a pâti de son propre succès. Le siècle dernier a été en effet celui de l'extension de la scolarisation, depuis l'école maternelle jusqu'à l'université. L'âge de la scolarité obligatoire a été retardé et a entraîné une massification de l'enseignement secondaire auquel aucune politique n'a su faire face. Les résultats, nous l'avons vu, ne sont guère brillants. Pourquoi alors toutes les innovations superbes de nos pédagogistes ont-elles pourri le système scolaire au lieu de l'améliorer ? La plupart des inventions pédagogiques n'ont brillé que quelques années avant d'être contredites par d'autres. Je vois à ces échecs successifs une raison majeure : l'éducation, question aujourd'hui primordiale pour la société, est devenue d'abord une affaire politique. Toutes les réformes qui se sont succédé depuis quelques décennies (pour ne pas dire parfois un peu plus) n'ont plus été pensées en fonction de l'enfant, mais d'un projet politique souvent dominé par une idéologie (il faudrait revenir déjà au plan Langevin-Wallon).

La difficulté la plus importante qu'il a fallu tenter de surmonter a été celle de la massification de notre enseignement secondaire. Si nous n'y sommes pas parvenus, c'est d'abord en raison de la démagogie qui consiste à remplacer le souci d'égalité par l'égalitarisme, c'est-à-dire par le fait de poser comme postulat de départ que tous les enfants ont les mêmes possibilités et les mêmes capacités face à l'instruction. Le biologiste Jean Rostand avait bien compris l'objectif idéologique et politique de cette idée quand il dénonçait le fait qu'on veuille faire des individus « une collection de semblables ». Là réside principalement la différence qui me distingue de nos démagogues ministériels : je pense au contraire que l'idéal (mais la perfection n'est pas de ce monde) consisterait à apporter à chaque enfant un enseignement approprié qui correspondît au plus près à son rythme et à ses capacités. Je n'ignore pas que c'est impossible, mais on peut tendre vers cet idéal, ce qui n'a pas été le cas avec la politique du collège unique. Mettre ensemble ceux qui comprennent avant même que vous ayez fini d'expliquer une leçon et ceux qui ont besoin que celle-ci soit répétée plusieurs fois (voire qui ne parviendront jamais à la comprendre), c'est fatalement forcer un enseignant qui a trente-cinq élèves devant lui à sacrifier les uns ou les autres. Comme je le disais un jour à un ministre de ma connaissance, donner la même nourriture au ver de terre et à l'éléphant aboutit au résultat que le premier meurt étouffé, que le second meurt de faim et que nul n'en réchappe.

Mais pour accepter ce constat, pourtant clair et évident, il faudrait reconnaître qu'il y a parmi les enfants et les jeunes des inégalités intellectuelles (qui ne sont pas seulement dues à l'origine sociale) comme il y a des inégalités physiques. Seulement ces dernières sont difficiles à nier parce qu'elles sont trop visibles, tandis que les premières ne le sont pas forcément et qu'il est toujours facile et flatteur de dire à tous les parents – électeurs – que leurs enfants sont brillants intellectuellement. Pour l'anecdote, je m'amuse toujours à entendre une mère qui vient me voir parce que son enfant n'a pas de bons résultats et qui commence régulièrement par cette phrase (révélatrice par ailleurs…) : « Vous savez, mon fils (ou ma fille) est très intelligent ! » Je m'inquiéterais d'ailleurs beaucoup si un parent commençait son propos par : « C'est vrai, mon fils est un crétin ! » Sans parler du handicap physique, chacun sait que tout le monde n'est pas capable de courir un 100 mètres aussi vite qu'Usain Bolt. Il en va de même pour les capacités intellectuelles. Notre système éducatif ne reconnaît et ne vante que l'intelligence abstraite, mais il en existe bien d'autres formes qu'il serait bon d'apprendre à valoriser plutôt que de les mépriser.

Une des grandes hypocrisies de notre époque consiste à valoriser la pédagogie à l'excès au point d'en faire une science, ce qu'elle n'est pas. Sans doute n'est-elle même pas une méthode, tout au plus peut-on transmettre quelques principes. La pédagogie est d'abord une expérience qui consiste à observer, à s'adapter aux élèves qui nous sont confiés, à les conduire sur le chemin de l'apprentissage. Si nous voulions manifester une suprême exigence, nous pourrions dire que chaque enfant a besoin d'une pédagogie appropriée.

Rappelons brièvement que le terme de pédagogue, dans l'Antiquité, se rapportait à l'esclave qui était chargé de conduire l'enfant à l'école (tel est le sens étymologique du mot), le guider, mais aussi le protéger contre diverses agressions possibles dans la rue (certains Romains résistaient difficilement aux charmes que dégage la prime jeunesse...), suivre les cours du maître pour connaître le programme de la journée et, une fois de retour à la maison, servir de répétiteur, mais jamais enseigner à la place du maître. Il avait aussi la mission de contribuer à apprendre à son jeune maître les bonnes manières et les principes moraux qui permettent de vivre en société. Cette tâche essentielle, qui demeure partiellement d'actualité, se souciait peu de théories fumeuses dans le cadre desquelles les psychologues modernes tentent (souvent en vain) de faire plier nos jeunes. Ce sont eux qui nous guident sans le savoir et qui nous indiquent de quelle manière il faut aborder telle ou telle question pour la leur rendre claire et facilement assimilable. La pédagogie est donc importante, mais elle n'est pas primordiale. Or les pédagogies modernes sont des théories psychologiques, et comme telles, elles deviennent rapidement obsolètes, voire démodées puisqu'il existe aussi des modes dans ce domaine aujourd'hui. Je me souviens d'une discussion avec un de nos démagogues : il m'expliquait que la pédagogie était comme l'huile que l'on met dans un moteur et qui lui permet de fonctionner, que sans elle nous ne pouvions rien faire. Je comprenais que le moteur en question correspondait aux connaissances que nous avions, selon moi, la mission de transmettre. Et je l'approuvais, à ceci près que l'huile, sans le moteur, ne pouvait servir à grand-chose, et même que si nous la répandions sur le sol elle n'aurait pour tout effet que celui de nous faire déraper. Mais c'est là une métaphore qui met bien en lumière toute la différence qui nous sépare. Pour moi l'école est d'abord le lieu de transmission d'un savoir et d'une culture (qui comprend la morale dont parlait Jules Ferry) ; pour lui, l'école est un lieu dans lequel les enfants redécouvrent le monde, dans lequel on rejette toute forme de discipline à l'ancienne pour lui préférer un laisser-faire, dans lequel le maître doit avoir en visée le développement individuel de chaque élève. Mon interlocuteur appartient à la vague très moderne en apparence, mais très vieille en réalité, de ceux que j'appelle les « rousseauistes ». Vous vous souvenez forcément du personnage de Jean-Jacques Rousseau mis en scène dans un roman intitulé *Émile ou De l'éducation*. Émile évoluait seul, c'est-à-dire sans être soumis aux lois nécessaires de la vie en société, et il avait tout son temps pour découvrir la nature qui l'entourait. À lui de faire ses expériences. Selon Rousseau, par exemple, il est inutile d'expliquer à un enfant que le verre coupe ; il le découvrira par lui-même et, une fois pansé, il aura tout le loisir d'en tirer une leçon pour éviter de connaître la même mésaventure. J'imagine très bien aujourd'hui le pédagogue laisser son élève se jeter du haut de la tour Montparnasse pour vérifier si le vieux rêve de l'homme d'égaler les oiseaux est bien réalisable. Le pauvre petit aura toute l'éternité pour méditer sur son expérience.

Pour dire les choses sérieusement, je trouve ces théories pédagogiques rousseauistes non seulement irréalistes mais aussi dangereuses. Elles sont irréalistes parce que le contexte actuel ne nous laisse pas le temps de réinventer toute la science depuis l'origine du monde. C'est pourtant une démarche similaire que l'on observe dans les programmes scolaires, dès l'école primaire et au moins jusqu'au bac (je n'en veux pour preuve que les nouvelles directives données pour la physique en classes de première et de terminale). Qu'on n'aille pas pour autant me taxer d'amateur du bachotage ; je ne dis rien de tel, mais il est important d'asseoir d'abord un certain nombre de connaissances pour fonder sur elles des exercices de réflexion qui développeront l'intelligence sur une matière solide et fiable. Prétendre que ces pédagogies qui favorisent les capacités individuelles procureront aux jeunes une meilleure organisation de leur travail me paraît une hérésie. Les théoriciens sont d'ailleurs en désaccord sur ce point. On comprend bien le souci actuel (et bien réel) de lutter contre les inégalités, sociales ou autres, mais c'est d'abord sur le refus des inégalités intellectuelles qu'il faudrait se pencher. Pour échapper au conditionnement imposé par les milieux sociaux, c'est à l'intelligence qu'il convient de faire confiance et, pour lui permettre de se développer, il faut lui donner du grain à moudre. Sont nécessaires des connaissances de base, des méthodes de travail, une discipline de la pensée, de la raison sans lesquelles ne s'élaborera aucun avenir. Nul n'interprète les sonates de Beethoven sans avoir fait ses gammes et nul compositeur ne crée sans avoir d'abord étudié la musique, même si ce qu'il écrit ensuite n'a rien à voir avec Mozart. Le travail et la discipline sont des notions fondamentales. Sans la maîtrise de connaissances de base et sans l'entraînement à la réflexion, personne ne pourra ensuite tracer sa route. Mais aujourd'hui, il suffit d'observer les nouveaux programmes des collèges, tout tend vers l'encéphalogramme plat. Une seule chose est prise en considération : la communication. Voilà ce qui intéresse notre ministre et nos pédagogistes. La communication, le bluff, la poudre aux yeux, les éléments de langage que vont élaborer minutieusement nos grands communicants pour nous éblouir, nous aveugler et nous faire prendre des vessies pour des lanternes. Vous pouvez être sûrs que ce qui est dit sera exactement à l'opposé de ce qui se fera. J'en développerai un exemple frappant plus loin au sujet de l'enseignement du latin. Ce qui compte, donc, c'est de communiquer, de s'exprimer, de dire n'importe quoi, mais de le dire suffisamment haut et fort pour être crédible. Nous connaissions le singe savant, voici à présent le singe ignorant. À l'école, celui qui parlera plus fort que les autres et cassera les oreilles de ses voisins par son babil inconsistant sera mieux considéré (j'allais dire mieux noté, mais il n'y a plus de notes, alors je dirai : jugé plus « compétent ») que tel autre, peut-être de nature un peu plus timide, mais qui réfléchit avant de parler et qui n'aura donc plus l'occasion de placer un mot. Et, pour mieux clouer le bec aux autres, le bavard communicateur n'hésitera pas à couvrir l'inanité de son discours sous un florilège de termes arrogants et méprisants. Pour en voir les effets il suffit d'écouter certains de nos femmes et hommes politiques. L'impertinence du ton dame le pion à la pertinence du propos.

Ces théories rousseauistes sont également dangereuses parce que nous vivons une époque où l'individualisme (qui se double facilement d'égoïsme et d'indifférence aux autres) connaît un développement nouveau et extraordinaire alors que l'école laïque et républicaine a moralement la mission d'apprendre à vivre avec les autres. Notre humanisme l'exige.

Un mot en passant sur cet individualisme croissant et inquiétant. Il a plusieurs causes, notamment sociales, morales et techniques. Il est inutile de s'étendre ici sur la valorisation de l'individu que la société a mise en place dans un objectif à la fois économique et politique. Nous en voyons des effets quotidiennement. Il est étonnant de voir comment l'enfant est considéré et écouté à l'égal de l'adulte. Sa parole a autant de poids. Il suffit de voir comment les plus petits se comportent par exemple dans un supermarché, exerçant parfois une véritable tyrannie sur leurs parents puisque l'égalité de statut dénie à ceux-ci toute autorité. On voit même des adultes, dans les transports en commun, laisser la place aux enfants quand le respect et la déférence poussaient jadis les jeunes à se lever devant les anciens. Se pose là évidemment une question d'éducation. Il en va de même à l'école, où le professeur, dévalorisé, devient un prestataire de services que l'élève peut traiter avec insolence, voire avec mépris puisque l'on sait que, s'il réplique, sa parole comptera autant (et souvent moins) que celle de l'enfant. Ce développement de l'individualisme se trouve renforcé depuis quelques années par celui des téléphones portables et des réseaux sociaux. Les jeunes aujourd'hui ne peuvent plus se passer de ces outils de communication qui ont l'habileté de leur faire croire que leur personne est importante et que leurs paroles comptent. Ils en deviennent captifs à un degré qui confine à la pathologie. Sait-on que près de trois collégiens sur quatre passent deux heures ou plus en plein cœur de la nuit à « tchatcher » avec leurs camarades ou à échanger des messages quand leurs parents les croient en train de dormir ? Et le professeur peut toujours s'étonner le lendemain matin de les voir s'affaler de fatigue sur leur table avant même le début du premier cours ! J'ai même connu un cas qui malheureusement n'est pas unique, celui d'un garçon qui possédait deux téléphones portables et qui ne pouvait absolument s'empêcher de les couver des yeux en permanence. C'était plus fort que lui, et lui confisquer ses engins provoquait une véritable crise d'hystérie. Il était au premier rang et j'avais obtenu de lui qu'il posât les deux appareils sur mon bureau. Pour autant, sans pouvoir les consulter, il ne les quittait jamais du regard sans prêter attention à ce qui se passait en cours. Est-il utile de préciser qu'il ne pouvait donc pas travailler et que ses résultats s'épanouissaient au niveau des pâquerettes. Je me souviens que cette année-là j'avais emmené cette classe à Venise ; tandis qu'à l'arrivée nous avions pris le vaporetto pour descendre le grand canal jusqu'à la place Saint-Marc et que ses camarades regardaient défiler devant leurs yeux éblouis la théorie des palais, lui tournait carrément le dos et, un appareil dans chaque main, fixait intensément ses écrans… Mais il y a plus grave, et l'on sait clairement quels dégâts peut engendrer cet individualisme démultiplié par les effets de la technique. Le harcèlement s'est en effet renforcé ; ce n'est plus seulement à l'école qu'il s'exerce, là où les enseignants, s'ils prêtaient attention à leurs élèves, pouvaient le détecter, mais c'est également à la maison, le jour comme la nuit, y compris le dimanche ou pendant les vacances qu'il fait des ravages en secret, à l'insu des parents, perturbant gravement les enfants et, malheureusement les cas ne sont pas rares, les poussant parfois jusqu'au suicide. Je ne suis pas en train de dire que l'évolution technologique est à remiser dans les placards de la modernité. Elle est très utile mais il convient d'apprendre aux enfants à s'en méfier, à la domestiquer, à en rester maître et non à en devenir esclave. Et l'exemple des parents, sur ce point, devrait être édifiant...

Mais revenons à nos pédagogistes et à leur rousseauisme hypocritement nimbé des meilleures intentions. Le pédagogisme, nous l'avons dit, est un ensemble de techniques éducatives élaborées dans un souci gestionnaire pour assurer l'éducation des masses. C'est-à-dire que le but de l'école ne consiste plus à transmettre des savoirs, à apprendre à savoir, mais simplement à connaître des stratagèmes de manière quasi instinctive pour se tirer d'affaire. Par exemple, étudier un texte de français ne consiste plus à comprendre les finesses de la pensée de l'auteur mais à repérer un certain nombre d'indices dont on ne tire aucune conclusion. L'élève s'assimile en quelque sorte à ces rats de laboratoire auxquels on apprend à s'orienter dans un labyrinthe et qui, sous l'effet de quelques stimuli intégrés, saura toujours retrouver la sortie... à la condition que le plan dudit labyrinthe ne soit pas modifié. C'est une méthode de sélection grâce à laquelle survivra le plus débrouillard. Les pédagogistes sont donc d'abord des techniciens. Certes, ils ne sont pas les inventeurs de la pédagogie, mais ils en ont fait tout l'objet de l'enseignement, au mépris du contenu. En réalité, ce parti pris qui dénature totalement le projet de Jules Ferry, prétend substituer la forme au fond, c'est-à-dire la méthode à l'apprentissage. Or cette prise de position n'a rien d'innocent, elle correspond, osons l'affirmer, à une idéologie politique. L'idéal républicain, nourri de l'universalisme des Lumières entendait transmettre une culture humaniste fondée sur la raison et destinée à protéger l'homme de la barbarie. Le XXe siècle a développé une autre idéologie qui s'est traduite par le totalitarisme. Or c'est précisément en s'inspirant des méthodes mises en place par cette nouvelle idéologie politique en vue d'une massification de l'enseignement, mais aussi pour s'assurer une plus efficace emprise sur les jeunes cerveaux, que les pédagogistes ont développé leurs théories.

En effet, l'idée d'une culture humaniste libératrice avait de quoi leur faire peur. Ils ont donc justifié leur mainmise sur le contenu des programmes en accusant cette culture républicaine d'élitisme, comme si la volonté de nos pères en assurant à tous un large savoir pouvait représenter un danger et créer une élite au mépris des faibles. La diffusion de la culture fut donc condamnée sous le prétexte qu'elle créait des exclus et menaçait la démocratie. L'argument de la sacro-sainte égalité (détournée de son véritable sens) est devenu l'arme fatale. Ainsi naquit l'égalitarisme. Nous sommes passés de la notion d'égalité des chances voulue par l'école laïque à celle d'égalité des élèves. Pour y parvenir, il a suffi de prendre pour étalon le niveau et les capacités des plus faibles, une sorte de plus petit dénominateur culturel commun, puis de changer l'esprit et le contenu des enseignements, de combattre par la même occasion l'esprit critique et l'exercice de la pensée par la mise en place des capacités réflexives que nous avons évoquées, et enfin d'envelopper cette mutilation de l'école républicaine dans la vacuité d'éléments de langage ronflants et ridicules. Le tour était joué ; le peuple était ébloui et les imbéciles s'estimaient bien gouvernés. Aucune dictature au monde n'a procédé autrement. Voilà plus de trente ans que les pédagogistes sont au pouvoir au ministère, et ainsi s'expliquent les « excellents » résultats (évoqués au début de ce petit livre) dont notre école peut s'enorgueillir. Qu'on me permette de le dire : la supercherie est aujourd'hui claire, la malhonnêteté intellectuelle avérée ; les pédagogistes ne sont pas de doux rêveurs, ce sont des idéologues et des imposteurs qui travaillent à l'asservissement de la société.

À l'opposé de cet objectif destructeur, je crois profondément que l'école a pour mission de transmettre à tous notre culture (et non pas, comme nous pouvons le lire dans certains textes officiels, « une culture commune », comme si le propre d'une culture n'était pas d'être commune à l'ensemble du groupe social), c'est-à-dire un ensemble de connaissances mais aussi une curiosité qui suscite une imagination créatrice et l'envie de découvrir, de s'entraîner par des exercices qui développent l'intelligence. Ces connaissances nous viennent de loin. Il faut garder à l'esprit que nous sommes les maillons d'une longue chaîne et que sans ceux qui nous ont précédés, nous ne serions rien. Il est bien normal que des enfants s'imaginent que le monde commence avec eux. À nous de leur apprendre l'histoire, telle qu'elle est avec ses grandeurs et ses petitesses – excellent terrain de réflexion ; à nous de leur inculquer une discipline de la pensée, de les guider dans l'exercice de la raison ; en un mot à nous de leur donner le goût de l'effort fructueux et du travail. J'espère que le lecteur me pardonnera d'avoir en si peu de lignes proféré tant de gros mots, du moins considérés comme tels de nos jours.

Ainsi la culture dans sa généralité, dans la variété des domaines qu'elle englobe, doit-elle être l'objet principal de la transmission à l'école. La culture, au sens étymologique du mot, correspond aux habitudes de vie, aux catégories de pensée qui caractérisent une société, qui la définissent, qui agrègent tous ceux qui la partagent en vivant dans notre République parce qu'ils se reconnaissent en elle. Elle permet à chacun des membres du corps social de se tourner vers un sens commun, c'est-à-dire vers une faculté de juger qui établit entre tous une forme de compréhension commune. Appartenir à une culture, c'est comprendre l'autre sans qu'il ait besoin de s'expliquer, c'est savoir de quoi il parle. L'école a pour mission d'initier les enfants à la compréhension et à l'expression de ce qu'ils vivent de manière instinctive depuis leur plus jeune âge. C'est pourquoi il est nécessaire que tous soient baignés dans la même culture à l'école et que celle-ci ne soit pas une sorte de patchwork de cultures disparates, certes tout autant respectables, mais qui, juxtaposées les unes aux autres, ne pourraient que désorienter des jeunes en quête d'identité. La question est d'importance puisque aujourd'hui, comme d'ailleurs jadis, notre société est composée de citoyens aux multiples origines. Je ne suis pas en train de dire qu'il faut oublier sa culture originelle si l'on vient de tel ou tel continent, de tel ou tel pays, mais il est nécessaire d'adopter la culture du pays dans lequel on vit si l'on veut pouvoir en partager les valeurs. Je suis sur ce plan de l'avis de Socrate qui disait que, si les mœurs d'une cité ne vous conviennent pas, vous avez la liberté de prendre vos affaires et d'aller vous installer ailleurs ; mais, quelle que soit votre cité d'adoption, vous devrez en respecter les lois et les coutumes. François Mitterrand avait-il évalué les conséquences de sa politique lorsqu'il prétendait que chacun avait le droit de vivre selon sa culture sur le sol de la France ? Nous savons ce qui en a résulté et nous voyons aujourd'hui, comme j'en ai été témoin dans une célèbre cité du sud de Paris, les méfaits du repli identitaire et de la création de ghettos au sein desquels les leaders affirment bien haut qu'ils sont chez eux et que là ne s'applique pas le droit de la République française. Je n'évoque pas ce point pour polémiquer mais simplement en rapport avec l'école dans laquelle, comme je l'ai dit ailleurs, nous voyons de plus en plus, dans certains secteurs, le refus de l'enseignement de l'État et la revendication de valeurs étrangères à notre culture. Les beaux discours n'y feront rien et le professeur se trouve bien démuni lorsque les élèves refusent d'étudier un texte de Voltaire parce que le propos de notre philosophe ne se trouve point dans le Coran. Je trouve personnellement scandaleux et anormal que, dans les couloirs des lycées ou des universités de la République, on entende des jeunes qui ont une carte d'identité française et qui suivent des études parler l'arabe – ou toute autre langue (quand ce n'est pas en cours). Je n'arrive pas à suivre les arguties de ceux, forcément bien-pensants, qui n'y voient rien à redire et qui n'estiment pas que cela puisse nuire à l'unité de la société, c'est-à-dire à l'exercice de l'égalité et de la fraternité.

Précisément, même si beaucoup de disciplines sont indispensables dans l'apprentissage, il en est une qui n'est pas supérieure aux autres mais qui les réunit toutes et qui signe particulièrement notre identité culturelle, c'est la langue française. Or c'est précisément elle dont l'enseignement est vidé progressivement de son contenu depuis des années et réduite à la portion congrue dans les horaires des collégiens et des lycéens. Elle devrait pourtant être placée au cœur de notre système éducatif. Et c'est justement parce que le français est une langue difficile qu'il faudrait mobiliser tous nos efforts pour l'enseigner dès le plus jeune âge. Qu'on le veuille ou non, le français est porteur d'une culture que nous avons héritée de la civilisation judéo-chrétienne à laquelle nous appartenons, laquelle s'est nourrie des humanités classiques et particulièrement du latin. Il n'est pas inutile de rappeler que 80 % de notre vocabulaire vient du latin et que notre grammaire, si exigeante parce que très structurée, colonne vertébrale de notre langue, n'est autre que la grammaire latine. Un rapport sur les langues anciennes du mois d'août 2011 nous rappelle le danger de marginaliser des disciplines qui sont fondatrices de notre pensée. On peut y lire par exemple la phrase suivante : « Comment l'école pourrait-elle prétendre enseigner les valeurs humanistes si elle renonce à pratiquer les disciplines fondatrices de l'humanisme ? » L'argument ministériel est bien connu : la diversité des origines de nos élèves (dont un nombre croissant provient de pays qui appartiennent à d'autres civilisations) nécessite que l'on respecte toutes les cultures et, par conséquent, qu'on n'enseigne plus des disciplines qui risqueraient de renforcer une élite (quel mot horrible !). D'ailleurs, il est vrai que les élèves seraient bien en peine de s'initier au latin si tout est fait pour vider la langue française de son armature structurelle, la grammaire. Voilà encore une hypocrisie remarquable ! L'expérience a montré que les élèves d'origine étrangère et qui ne parlent pas le français chez eux éprouvent, et c'est bien naturel, plus de difficultés que les francophones à l'école. Mais justement, lorsque dans les zones défavorisées ces jeunes apprennent le latin, ils y réussissent fort bien parce qu'ils se trouvent à égalité avec les petits Français devant cet apprentissage ; et, de surcroît, découvrir le latin, et donc nécessairement la grammaire latine, constitue pour eux une aide précieuse dans l'étude de la langue française. Mais rien ne résiste au rouleau compresseur de l'égalitarisme qui est une arme terrible de « décérébration » massive, si l'on veut bien nous autoriser ce néologisme.

En perdant sa langue, dont l'enseignement est réduit à l'apprentissage de quelques techniques et méthodes, notre pays est en train de perdre son âme et s'enfonce peu à peu dans l'ignorance. Une langue est le premier et le plus essentiel véhicule de la culture, et même pendant la campagne présidentielle de 2017 le candidat Emmanuel Macron, qui pourtant trouve qu'il est difficile de définir ce que l'on appelle la culture française, a concédé : « Ce qui nous caractérise, c'est notre rapport à la langue ; très peu de peuples se sont constitués, comme le nôtre, après l'ordonnance de Villers-Cotterêts en 1539, autour d'une même langue. » Ce qui ne l'empêche pas d'ajouter, avec raison, que « ce fleuve est fait d'énormément d'affluents et d'influences étrangères qui sont venus le nourrir... La culture française est faite par des insoumis qui aspirent à l'universel ». En effet, notre langue comme notre culture se sont toujours enrichies d'apports extérieurs divers, tout comme la langue et la culture latines se sont nourries de multiples emprunts aux peuples qui composaient son empire. Et notre langue comme notre culture mourront le jour où elles se fermeront à ce brassage nécessaire. Mais il ne faut pas oublier que, si ces apports extérieurs font désormais partie intégrante de notre culture, c'est que les hommes qui les ont introduits ont en échange fusionné avec la société culturelle qui les a accueillis. Ils ont appris la langue française et adopté les modes de vie français. Ils n'ont pas continué à vivre sur le sol de France en parallèle avec les Français, au sein de communautés variées, en refusant les lois de la République. C'est là une différence importante à laquelle nous sommes aujourd'hui confrontés et c'est précisément pour enrayer ce multiculturalisme rampant et destructeur que l'école doit se mobiliser pour offrir un fondement culturel solide à tous ceux qui veulent la fréquenter et qui comptent sur elle pour se forger un avenir. Si nos pédagogistes avaient raison, nous pourrions distinguer nettement, dans nos classes, les enfants d'immigrés des petits Français. Or ce n'est pas la réalité. Les problèmes de langage sont aussi importants chez les uns que chez les autres. Ils dépendent étroitement de la communication à la maison. À l'école, ils découlent surtout de la volonté qu'ont les jeunes, ou non, de travailler sur des œuvres de la culture française. C'est ainsi heureusement que les enfants d'origine étrangère (je pense notamment aux jeunes Asiatiques), par leur ardeur au travail, par leur souci de s'en sortir, sont capables de progrès étonnants, et parfois obtiennent de bien meilleurs résultats que des élèves français d'origine. Tous les professeurs ont pu le constater, et prétendre le contraire relève de la démagogie. On peut comprendre que cette réalité gêne nos grands leaders qui souhaitent en tirer motif pour justifier l'appauvrissement des programmes et surtout celui des contenus culturels, toujours au profit de l'égalitarisme. Mais la raison de la distinction entre bons et mauvais élèves, entre ceux qui réussissent et ceux qui échouent, il leur faudra la trouver ailleurs. Par exemple dans la motivation que les professeurs sauront insuffler à leurs élèves, ce qui peut être un travail herculéen dans certains établissements, j'en conviens. Mais, pour avoir enseigné aussi dans une ZEP – classée « zone violence » –, je sais que les enfants issus de milieux modestes et d'origine étrangère sont parfois les plus volontaires et les plus curieux de découvrir la culture française et ne tiennent certainement pas à ce que l'on y mêle des éléments de leur propre culture.

Alors, prétendre qu'il ne faut plus enseigner la grammaire parce qu'elle n'est pas assez « ludique » (je l'ai entendu), affirmer que l'étude des langues anciennes « ne sert à rien » (vieille antienne de ceux qui les ignorent !), vouloir que l'enseignement se modernise avec un usage immodéré de l'informatique ou de quelque autre instrument pour faire illusion..., voilà qui n'a pour objectif que de détourner la mission des professeurs de leurs véritables buts. Je précise que je n'ai rien contre l'informatique, bien au contraire, mais je récuse son usage comme celui d'un jouet (précieux pour tenir les bambins assis !). Tous ces instruments ne sont utiles que s'ils sont mis au service d'une pensée déjà constituée et consciente d'elle-même ; ce ne sont pas eux qui vont la structurer. Ils aident la compréhension, ils renforcent l'efficacité de l'enseignant, ils facilitent l'accès au savoir, mais à la seule condition qu'on ne les considère pas comme un amusement pour passer le temps. Je reconnais qu'il est beaucoup plus séduisant de regarder un péplum que de découvrir la réalité romaine en traduisant un texte, ce qui supposerait déjà d'être capable d'en comprendre le sens. Mais un professeur digne de ce nom sait que toutes ces méthodes alléchantes, animées et en couleurs, ne fournissent qu'un vernis culturel, bien vite écaillé par l'usure du temps. Ne court-circuitons pas l'intelligence !

Une langue, par ses structures, révèle celles de la pensée. Celle-ci a besoin d'être formée, et nul ne saurait la maîtriser spontanément. Apprendre à analyser une phrase, c'est découvrir les catégories de l'esprit, c'est-à-dire s'élever au-dessus de l'expression même pour dominer la pensée. S'imprégner des structures permet de se faciliter l'accès à la réflexion qui les a utilisées. Il en va un peu de même dans la comparaison du rôle de l'architecte et de celui du maçon. Ce dernier se contente de suivre les instructions et de répéter au mieux le même geste ; l'architecte, lui, accède à la compréhension d'un ensemble qu'il peut donc concevoir et modifier. C'est, dans la mesure du possible, à la fonction d'architecte qu'il nous faut élever nos élèves et non point les confiner à celle du maçon. Certes, certains jeunes y parviendront mieux que d'autres, ou plus rapidement, ce qui ne veut nullement dire qu'il faut abandonner les plus faibles. Mais il faut accepter ces différences et tenter de donner à chacun tout ce qu'il peut recevoir. Pour les uns comme pour les autres, il convient de stimuler l'émulation et toujours de leur montrer qu'il existe un palier supérieur qu'ils sont capables d'atteindre. Ceci me paraît vrai à chaque niveau, de l'école primaire à l'université.

Encore faudrait-il se concentrer sur le travail et non pas multiplier les réunions, les instances, les conseils, les palabres... qui ne sont généralement qu'un leurre et dissimulent simplement le désir de politiser l'école. Les élèves eux-mêmes sont très (trop) sollicités pour participer à ces nombreux « groupes de travail » qui les détournent de leur objectif et qui se terminent souvent en coalitions mesquines et en rivalités personnelles. Cela me rappelle un dessin humoristique sur lequel un lycéen coiffé d'une casquette à la mode énonçait d'un air docte : « Je suis délégué de classe, j'appartiens au conseil des délégués de classe, je suis aussi membre du conseil de la vie lycéenne et du conseil d'administration ; je siège à la commission permanente, au conseil de discipline, au comité d'éducation à la santé et à la citoyenneté, sans parler de la commission d'hygiène et de sécurité... Alors arrêtez de me gonfler avec *La Princesse de Clèves* et les équations du second degré ! »

Foin de l'endoctrinement ! L'école n'a besoin ni de cette hypocrisie ni de cette démagogie. Il est temps de rappeler que les enseignements, et notamment celui de la langue et de la littérature françaises, sont un apprentissage de la liberté. La cure d'amaigrissement qu'on leur a fait subir tend à nous interdire l'accès à l'héritage spirituel, notre héritage culturel, celui qui nous vient de la bataille de Marathon ou de la victoire de Scipion sur Hannibal à Zama, autrement dit celui qui nous apprend comment barrer la route à la tyrannie. Tel est l'objectif de l'école. Faudra-t-il que ceux qui nous ont ouvert ce chemin vers la liberté, l'égalité, la fraternité et la laïcité nous deviennent inaudibles, nous empêchant de voir que nos démagogues se gargarisent de ces mots pour mieux maîtriser et conditionner la pensée de nos enfants ?

Pour conclure

À l'issue d'une carrière d'enseignant, je retire l'amertume de m'être battu âprement pour tenter de transmettre à des générations de jeunes de divers niveaux le goût d'apprendre, la curiosité de découvrir le monde, le désir de se forger un esprit critique pour sauvegarder une liberté de pensée. Je me suis donc battu pour ce qui me semble être la plus noble des fonctions, celle qui consiste à transmettre à ceux qui auront la charge du monde de demain les outils culturels qui leur permettront de défendre en toute connaissance de cause les valeurs de la démocratie. Mais je me suis battu parce que j'ai toujours eu le sentiment que, loin d'être soutenu par une hiérarchie responsable et consciente des enjeux de l'instruction publique, les démagogues du ministère ont toujours tenté de contrarier ma tâche. Si encore il ne s'agissait que de personnages un peu naïfs et très prétentieux, persuadés d'avoir découvert la pierre philosophale d'une politique éducative au service de la jeunesse, je pourrais simplement m'en agacer et déplorer qu'une pareille incompétence fût mise au pouvoir. Hélas, la réalité est beaucoup plus grave, car la volonté d'empêcher l'œuvre éducative d'aboutir, et de ruiner les efforts d'une jeunesse dont le potentiel n'a pas diminué a nourri cette entreprise politique de déséducation massive. Nos pontifes ont fomenté et organisé l'enseignement de l'ignorance. Le travail de sape mis en œuvre se dissimule habilement sous la dénomination de grandes valeurs morales que l'on a dépossédées de leur sens. Les conséquences ne se sont pas fait attendre : le développement de l'individualisme et du multiculturalisme mine notre société que l'on déclare volontiers victime d'une crise dont il est facile de rejeter une grande part de la responsabilité sur l'école.

Les professeurs doivent, proclame-t-on, former des citoyens. Mais les citoyens n'existent pas dans l'absolu. Comme le mot l'indique, ils sont membres d'une cité, ils appartiennent à une seule et même communauté. Cette communauté qui s'est construite et consolidée au fil des siècles possède un bien commun, une culture, c'est-à-dire une identité, un patrimoine qui s'expriment dans une langue commune. Cette culture détient une richesse en son cœur, un lien qui unit tous ses membres et qui les relie entre eux comme les maillons d'une chaîne, il s'agit de la langue partagée entre tous. Nous avons les mots en héritage, les mots dont le sens doit être compris par chacun, et que l'école a pour mission de nous transmettre. Toute culture particulière demeure certes respectable mais, à lui conférer une importance égale, on en fait un outil d'exclusion. Or la démocratie ne peut ni se transmettre par la force ni admettre les laissés-pour-compte, elle doit au contraire susciter l'adhésion, inviter au partage, donner le goût de l'intégration. Dans cette œuvre humaniste, l'école a toute sa place.

Encore faut-il ne pas vider la culture de son contenu ni empêcher les jeunes esprits de se structurer. Or c'est précisément ce à quoi s'emploie depuis plus de trente ans le ministère de l'Éducation. Il est criminel de renoncer à un enseignement de l'histoire en faisant bon marché de la chronologie et en sacrifiant certaines périodes jugées néfastes aux yeux des idéologues. Le citoyen, le vrai, c'est-à-dire celui qui est charnellement lié à une nation, a besoin de s'inscrire dans une continuité historique, et de s'exprimer dans une langue dont la richesse lexicale et grammaticale constitue notre héritage le plus précieux. La langue peut évoluer, sa survie est à ce prix, mais elle doit demeurer un véhicule de la pensée. Or aujourd'hui les écrivains du passé ne sont plus compris par nombre de jeunes. Lorsque j'étais enfant, j'ai eu la chance que ma mère m'emmène à la Comédie-Française où je me délectais des pièces de Molière ou de Racine. Voici quelques années, j'avais conduit les élèves d'une première S dans ce même théâtre à une représentation des *Femmes savantes* ; la mise en scène était intéressante et le comique bien mis en valeur ; une de mes élèves, assise à côté de moi, me dit à l'entracte : « Ce doit être drôle puisque les gens rient régulièrement. » Et de fait mes élèves, pourtant fort intéressés et attentifs, ne riaient pas. Lorsque, le lendemain, je leur ai demndé de me parler de l'intrigue, je me suis aperçu rapidement qu'ils n'avaient quasiment rien compris. Cette anecdote montre assez combien notre tâche est difficile. Je dis souvent aux jeunes professeurs dont j'assure la formation qu'il faut prêter attention à la formulation de nos propos et nous assurer en permanence qu'ils ont été compris. Toute démocratie a besoin d'une langue commune et d'une culture partagée. Cette position va à l'inverse de ce que prônent nos dirigeants qui en tiennent pour une forme de mondialisation. Mais il n'existe pas de culture mondiale, pas plus que de langue internationale. Contrairement à ce que l'on veut nous faire croire, ce respect de notre culture nationale ne crée pas de fractionnement identitaire ; celui-ci n'est le fruit que du multiculturalisme. Notre histoire, qui puise ses racines aux sources de la civilisation romaine, et malgré ses vicissitudes, tend vers un humanisme pour lequel il faut combattre chaque jour et qui n'empêche pas chacun de nous de se sentir, comme le disait Sénèque de lui-même, « un citoyen du monde », et déjà un citoyen européen. Mais comment apprendre la tolérance, l'alliance, l'union avec les autres peuples d'Europe si, au sein même de notre pays, nous nous attachons à distinguer des cultures locales et à donner autant d'importance à des langues régionales ou étrangères qu'à la langue française ? Encore une fois, il n'est nullement question de les éradiquer, mais de consolider le lien qui fait de nous, depuis deux siècles, une nation à part entière. Nos démagogues sont donc puissamment criminels de travailler en réalité à détricoter la cohésion sociale et à ruiner l'égalité, la fraternité chères à nos principes en nous jetant aux yeux la poudre de l'égalitarisme.

L'une des premières vertus à développer à l'école est celle du goût de l'effort, d'un apprentissage minutieux, progressif et exigeant des outils fondamentaux dont le premier n'est autre que la langue, par la lecture et par l'écriture. Sait-on par exemple que les éditions Hachette ont édité pour les enfants de nouvelles traductions du Club des Cinq (livres d'aventure passionnants dont je me délectais lorsque j'étais au cours moyen !) ; la langue en a été simplifiée, les « nous » remplacés par des « on », les descriptions un peu longues purement et simplement supprimées, et certains termes jugés politiquement incorrects modifiés (il n'est plus question de « saltimbanques », mais de « cirque ») ? Sait-on encore, pour n'évoquer que les dictées, réduites à quelques lignes de temps à autre, qu'il n'est plus question de sanctionner des fautes d'accord : il faut valoriser « la sensation ». Ainsi, mettre un -s comme terminaison du pluriel pour un verbe (« les enfants manges ») ne constitue plus une faute ; certes l'élève n'a pas retenu la bonne marque du pluriel mais « il a senti le goût de la pluralité », et par conséquent la « compétence » peut être validée. Que dire d'ailleurs lorsque le président de la République « tweete » à la France entière : « C'est vous qui auraient le dernier mot » (pour ne rien dire des multiples fautes du ministre de l'Éducation en personne) ? On comprend que la mode soit à l'oral, même si, malheureusement, un certain nombre de fautes d'orthographe s'entendent parfaitement (par exemple les accords de participes passés). Je me range à l'avis d'Alain Bentolila, linguiste bien connu et spécialiste de l'apprentissage de la lecture, lorsqu'il écrit : « C'est très tôt qu'il faudrait faire prendre conscience aux élèves de la façon dont ils fonctionnent, les aider à reconnaître qu'ils se sont trompés, et ainsi les pousser à s'améliorer. Les nouveaux pédagogues ont ainsi confondu avec complaisance règles et abus de pouvoir. Ils ont oublié que l'observance des règles était indispensable pour rendre possible une relation ambitieuse d'enseignement. Ils ont négligé l'importance d'une obéissance éclairée aux règles de grammaire, d'orthographe et de calcul, persuadés que moins de règles, c'est moins de fautes. »

L'effort s'accompagne donc d'une exigence continue pour la correction de la langue, de l'apprentissage de la rigueur qui fait tant défaut aux bacheliers. J'avoue que la honte le dispute chez moi à l'admiration lorsque je vois un de mes amis chinois, diplômé de l'université de Pékin en français, me montrer les mémoires qu'il a écrits, l'un sur Robbe-Grillet et l'autre sur Camus, dans une langue à faire pâlir d'envie les étudiants en littérature de la Sorbonne. Ces qualités d'exigence et de rigueur ne peuvent se développer que par un travail régulier et sérieux. Il est urgent d'interrompre la dispersion, pour ne pas dire l'éparpillement des apprentissages à l'école et de se concentrer, à chaque âge, sur ce qui est important pour progresser. Il serait d'ailleurs temps de cesser de faire monter chacun dans la classe supérieure sans qu'il ait véritablement acquis les connaissances indispensables pour en suivre le programme. Certaines voix commencent à s'élever en faisant remarquer que faire entrer au collège des élèves qui ne savent pas lire ni faire une phrase (jusqu'au sens littéral de ces termes, j'en suis témoin au lycée !) relève d'une démagogie coupable. Je ne pense pas qu'il faille pour autant rétablir un examen d'entrée en sixième, mais je crois qu'il serait bon, à la fin de chaque année, de dresser un bilan des connaissances acquises et que les enseignants décident de ce qui est le mieux pour chaque enfant. Un doublement (ou une classe-palier) peut rendre service et permettre de repartir sur de meilleures bases alors qu'un passage dans la classe supérieure ne fera qu'accroître la fragilité de l'élève et le rendre encore plus malheureux. C'est ainsi, ne l'oublions pas, que, faute d'avoir pu assister aux cours chacun dans les disciplines dont il avait le plus besoin, plus de 150 000 jeunes chaque année se retrouvent sur le trottoir sans aucun diplôme ni aucune qualification. Ensuite, au collège, voire au lycée, il peut être important d'évaluer les capacités de chacun et d'orienter dans les voies les plus adaptées. On reparle beaucoup ces temps-ci de l'apprentissage qui peut s'effectuer à des âges différents et que des pays voisins développent avec succès. De la même manière, il est urgent de ne pas laisser ceux qui sont fâchés avec les mathématiques ou la physique se précipiter en première S et courir à l'échec. Il n'est pas étonnant que nos enfants se rendent en classe souvent avec la peur au ventre lorsqu'ils sont sérieux, uniquement parce que l'ambition de leurs parents les pousse à souffrir chaque jour dans l'angoisse d'un contrôle pour eux incompréhensible. Je n'exagère pas, et ma pensée va en ce moment à l'un de mes jeunes qui s'est suicidé au lycée un petit matin de janvier en se jetant du quatrième étage dans la cour. Ses résultats étaient moyens, mais il souffrait ; il s'en était ouvert à moi deux ou trois fois et avait demandé à ses parents la possibilité d'arrêter l'école, mais ni son père ni moi n'avons pu imaginer que son mal-être pouvait atteindre cette dimension. Son décès tragique restera pour moi comme une plaie au cœur.

L'orientation des élèves, quoi que préconise le ministère, ne pourra s'améliorer qu'à une seule condition : restaurer l'autorité des professeurs. En effet, ceux-ci ne peuvent rien faire puisque la décision revient aux parents. Jadis, il pouvait arriver, lors d'un conseil de classe en fin d'année, qu'un seul professeur s'opposât au passage d'un élève dans la classe supérieure. Il est évident que cette situation est anormale. Mais cantonner le rôle des enseignants au seul conseil donné aux parents sur l'orientation est tout aussi anormal. Il est urgent de rappeler à la société en général et aux parents d'élèves en particulier que le professorat exige des compétences particulières et reconnues. Comme pour toute profession, n'importe qui n'est pas capable de l'exercer sans y avoir été préparé. Il est normal que les parents se croient aptes à juger des capacités de leurs enfants, mais, dans le domaine scolaire, ils sont juges et partie, et ils ne possèdent pas nécessairement les compétences requises pour juger des progrès de leur rejeton à l'école, même s'ils sont diplômés. Chacun a son opinion sur le sujet, et moins ils sont professionnels plus ils s'imaginent savoir ce qui conviendrait le mieux. L'autorité des professeurs a été dévalorisée voire niée par notre hiérarchie qui préfère, par démagogie, flatter l'électeur. Il est urgent de rendre à chacun son rôle. Une mère, très militante au sein d'une association de parents, me disait un jour que la FCPE prônait la cogestion du système éducatif avec les enseignants. Je lui ai expliqué que chacun devait agir en fonction de ses compétences et que, au terme de cogestion, je préférais celui de complémentarité. Aux parents reviennent la part éducative et l'organisation de l'éducation de l'enfant ; aux enseignants revient celle de la transmission des connaissances et du développement des capacités qui relèvent du monde scolaire. Mais curieusement ce sont généralement les parents incapables d'éduquer leurs enfants qui préfèrent compenser en venant donner des instructions pédagogiques aux professeurs. Il est donc urgent que chacun reprenne sa fonction et que les décisions du conseil de classe, rendues par une assemblée d'enseignants réunis sous la direction du chef d'établissement, expriment une autorité qui ne peut être remise en question. Ces décisions sont les plus importantes quand il s'agit d'orientation et doivent s'imposer aux familles, même lorsqu'elles sont douloureuses, pour le bien-être même des élèves.

Ce retour à l'autorité que des politiques de plus en plus nombreux aujourd'hui commencent à réclamer doit s'accompagner d'une autre résurgence qui conditionne la possibilité même d'enseigner, c'est-à-dire de transmettre, d'initier à l'effort et non pas d'organiser un cirque permanent : il s'agit évidemment de la discipline. Je rappelle qu'une étude récente menée dans nos établissements a montré que ceux qui réussissent le mieux peuvent attribuer leur succès, plus encore qu'à une sélection qui n'existe plus, à la discipline. Il faut donc rétablir une échelle de sanctions qui, rigoureusement appliquées, permettront d'assurer aux professeurs la possibilité d'enseigner. Il est en effet inadmissible qu'à cause de quelques trouble-fête qui s'ennuient et ne comprennent rien parce qu'ils ne sont pas à la bonne place, un grand nombre de jeunes se trouvent empêchés de tirer tout le profit possible de l'école. Aujourd'hui, d'une manière générale, l'exercice de la discipline se résume à quelques admonestations bienveillantes dont les coupables se moquent d'autant plus qu'ils savent pertinemment que rien ne peut leur arriver. C'est si vrai que, même dans les cas extrêmes, les instructions obligent en fin d'année à gommer toute remarque désobligeante (et pourtant largement méritée) du dossier scolaire des élèves. Ainsi un jeune peut-il avoir rendu la vie impossible à ses camarades et à ses professeurs pendant toute l'année sans que l'établissement qui accepte de l'accueillir l'année suivante en soit seulement informé. Je précise toutefois pour les esprits chagrins que cette exigence de discipline peut certainement s'opérer sans revenir aux châtiments corporels ni inventer je ne sais quel knout du XXIe siècle. Je le répète : sans discipline, toute idée même de réforme est vouée à l'échec, et l'école de la République doit alors s'incliner devant les établissements privés, ce qu'en réalité souhaite le ministère.

Une fois rétablies l'autorité des enseignants et la discipline, garante de la bonne marche d'un établissement, nous pourrons peut-être espérer, dans une refonte des programmes, une remise en route de l'école. Je pense pour ma part que notre ambition doit s'attacher à une progression simple et claire des apprentissages pour s'assurer de leur efficacité. À chaque âge suffit sa peine. Il convient de concentrer la plupart des efforts sur les disciplines sans lesquelles aucune maîtrise des savoirs ne sera possible et qui sont précisément sacrifiées aujourd'hui (notamment la lecture, l'écriture, la maîtrise de la langue, le calcul, puis les connaissances fondamentales en histoire, en géographie, sans oublier l'apprentissage des langues étrangères au collège) sans surcharger les jeunes cerveaux d'apprentissages multiples tout juste effleurés et qui sont oubliés quelquefois le soir même.

Il s'avère enfin urgent de mettre une fin définitive à l'égalitarisme effréné qui est aussi nuisible aux bons élèves qu'à ceux en difficulté (ce qui n'empêche nullement d'assurer des heures d'aide et de soutien pour ces derniers). Même Paul Langevin dans son célèbre rapport écrivait que l'école doit assurer « la promotion de tous et la sélection des meilleurs ». Chaque enfant doit en effet pouvoir progresser lui-même à l'école, souvent à un rythme différent de celui de ses camarades, et trouver la voie qui lui permettra de s'épanouir, une voie heureusement différente elle aussi de celle des autres. D'ailleurs, on a peu parlé du projet de décret du 18 avril 2016 (envisagé par Emmanuel Macron) qui visait à légaliser la sélection à l'université. Quel gros mot ! Le ministre de l'Éducation de l'époque s'est empressé d'enterrer cette atteinte inexcusable à la démagogie ambiante, allant jusqu'à assurer que le diplôme universitaire est un droit de l'homme !

Aucune réforme, aucune avancée ne réussira sans cette condition préalable qui consiste à avoir une vision plus saine et plus pragmatique du système éducatif, à rendre aux professeurs leur autorité, à restituer une discipline mesurée mais nécessaire, à simplifier des programmes de plus en plus touffus et inopérants, à retrouver les conditions d'une véritable égalité des chances qui permette à chacun de s'épanouir selon ses capacités, et aussi à garantir une réelle liberté pédagogique sans laquelle les enseignants deviennent des machines alors qu'il leur faut s'adapter à des publics de plus en plus variés et pallier les carences de notre société. Il conviendrait surtout de mettre fin à la querelle stérile des anciens et des supposés modernes, à l'oppression exercée par le terrorisme intellectuel des pédagogistes dont les méthodes prônées depuis quarante ans ont montré leurs limites (c'est un euphémisme). Alors seulement, une fois ces conditions réunies, nous pourrons travailler avec bon sens et objectivité pour offrir à nos enfants le meilleur de ce qu'ils peuvent attendre pour se préparer à affronter leur vie d'adulte. Plus que jamais, nous devons nous référer aux valeurs fondamentales de la République et restaurer, dans l'Éducation nationale, le respect de la liberté, de l'égalité, l'exercice de la fraternité en rendant à chacun, à commencer par le professeur, sa dignité et le respect qui lui est dû. Il faut aider les plus faibles et, dans le même temps, favoriser la quête de l'excellence, car les élèves brillants ont aussi besoin d'être stimulés pour progresser encore. L'école ne peut avoir pour mission de laisser des jeunes sur le bas-côté de la route. Tous ont droit au meilleur, avec un enseignement adapté à leurs besoins, les faibles comme les forts, les plus modestes comme ceux qui prétendent appartenir à cette élite tant honnie par les démagogues. Une nation a besoin de tous les talents, et ceux-ci sont multiples.

Cette réussite de l'école de la République ne sera garantie que par la laïcité qui est de nouveau bien fragilisée à l'aube de ce millénaire. Le propos de Louis Germain, l'instituteur sans qui Albert Camus n'aurait jamais su qu'il couvait en lui l'art de l'éloquence, répondait déjà à son illustre élève en 1959 : « Avant de terminer, je veux te dire le mal que j'éprouve en tant qu'instituteur laïque, devant les projets menaçants ourdis contre notre école. Je crois, durant toute ma carrière, avoir respecté ce qu'il y a de plus sacré dans l'enfant : le droit de chercher sa vérité. Je vous ai tous aimés et crois avoir fait tout mon possible pour ne pas manifester mes idées et peser ainsi sur votre jeune intelligence... » Beaucoup est dit en peu de mots. Contre tous les périls qui menacent notre école aujourd'hui au moins autant qu'hier, je ne reconnais personnellement qu'une seule arme. À l'heure où je quitte une profession qui a exalté chaque instant de mon existence, si je pouvais me permettre de transmettre à mes jeunes collègues une seule "recette", ce serait de reprendre le conseil donné par un universitaire dont ma mère, déjà enseignante passionnée, suivait les cours dans son jeune temps : "En matière d'éducation, on n'arrive à rien que par l'amour." »

Il me reste alors, à l'heure de commencer les premiers du reste de mes jours, à m'exclamer comme César sur le point de franchir le Rubicon : « *Alea jacta est.* » Ce que nos démagogues traduiraient sans doute par : « Allez ! Jette ta veste ! »

Ainsi fais-je.

Post-scriptum : « Des racines et des ailes »

« Ce qu'on a appelé le pédagogisme doit désormais relever du monde d'hier. » Un vent d'espoir souffle sur le monde de l'éducation, du moins à en croire les propos que le nouveau ministre Jean-Michel Blanquer a tenus aux journalistes du *Point* en cette fin de mai 2017 lors d'une entrevue dans laquelle il affirme ses intentions pour enrayer la dérive catastrophique de notre école qui a touché le fond avec son prédécesseur.

Dans les réponses qu'il donne à ses interlocuteurs, plusieurs mots font chaud au cœur et l'on se prend à vouloir y croire, même si les paroles ne sont pas encore des actes. Le principal d'entre eux est le terme de « confiance » qu'il répète à plusieurs reprises, confiance principalement envers les enseignants : « Les professeurs sont des gens qui ont des idées et aussi du sens pratique. L'institution doit les aider à mettre en œuvre leurs projets au service des élèves. » Cette confiance s'adresse à ceux qu'il nomme « les acteurs de terrain ». À plusieurs reprises également, il invoque le pragmatisme auquel il joint « le sens de la liberté », ce qui laisse espérer cette liberté pédagogique dont les professeurs ont été largement amputés ces dernières années. Pour illustrer son propos, il cite plusieurs exemples, notamment la question du doublement. Certes, dit-il, « il faut éviter le plus possible les redoublements ; mais il ne faut pas avoir de dogme en la matière ». Dans ce domaine comme dans d'autres, « il faut être concret et pragmatique » et, le plus qu'il est possible, veiller à « la personnalisation des parcours ».

Selon le nouveau ministre, le ministère de l'Éducation doit cesser d'être une entité toute-puissante, ce qui n'est au demeurant qu'une apparence puisque cette omnipotence ne tient pas compte des particularités du terrain : « Nous faisons des circulaires, mais en réalité chacun bricole dans son coin. » Le plus important est de « s'intéresser aux fins plutôt qu'aux moyens. Ce qui doit être garanti nationalement, c'est le fait que tous les enfants maîtrisent un socle de connaissances, de compétences et de culture à la fin de leur scolarité obligatoire. Par exemple, à la fin de l'école primaire, il est évident que chaque enfant doit savoir lire, écrire, compter et respecter autrui. L'État doit être le garant de cette réussite. Sur la façon d'y arriver, une grande autonomie doit être laissée aux acteurs, car c'est le professeur qui sait ce qui est adapté à chaque élève. L'institution est là pour soutenir le travail des équipes dans ce sens ». La parole est belle, d'abord parce qu'elle est compréhensible du commun des mortels, et surtout parce qu'elle relève d'un bon sens qui fait du bien après les ineptes élucubrations de nos démagogues ministériels. Certes, chacun peut deviner qu'il sera bien difficile de faire changer « le système » (à moins de se débarrasser définitivement de tous ces pédagogistes dont l'échec est à présent plus qu'avéré), mais la calme détermination du nouveau ministre laisse espérer qu'il en aura le courage. Il affirme sans détour que « la pseudo-égalité qu'on a installée a déjà créé des établissements à deux ou même trois vitesses ». Il condamne particulièrement la suppression des classes bilangues alors que Mme Belkacem s'est trouvée dans l'obligation de les maintenir dans 96 % des cas à Paris quand elles ont été fermées à près de 84 % dans l'académie de Caen. La belle égalité !

Et M. Blanquer de conclure sans détour : « J'appelle cela de l'hypocrisie. »

Son discours est tout aussi clair en ce qui concerne l'évaluation des élèves. Il reconnaît que les avis sur la notation chiffrée sont partagés mais, ajoute-t-il, « que nous disent les travaux scientifiques ? Plus on se teste, plus on apprend. Cela plaide donc pour des tests, à condition que ceux-ci soient valorisants. Nous devons donc avoir une école qui encourage l'évaluation très régulière mais qui en fait un levier de progrès aux antipodes d'une culture de l'échec ». On vous le dit, le bon sens semble de retour. Il faut rétablir la confiance, et « tous les responsables éducatifs ont le devoir de diffuser un esprit constructif et de manifester en toutes circonstances une exigence bienveillante ». Je me permettrai d'ajouter une autre formule pour rappeler la nécessité d'une discipline si l'on veut obtenir des progrès, celle d'autorité souriante.

En un mot, et pour en revenir à l'essentiel, il faut réintroduire de l'humanité dans nos pratiques, « de l'humain » dit le ministre. Le but de l'école selon lui, pour permettre à nos enfants de faire face aux problèmes de société : « Donner aux élèves la culture générale, le sens critique et les valeurs qui permettent de se repérer dans la vie face à toutes sortes de situations. » C'est en effet par « la qualité des savoirs et de la culture qu'on transmet » que chacun apprendra à lutter contre « le racisme, l'antisémitisme et, plus généralement, l'intolérance et la bêtise ». Mais il est vrai que, pour comprendre l'importance de la culture, il faudrait que nos dirigeants en eussent eux-mêmes. C'est le cas de notre nouveau ministre et c'est là sans doute ce qui constitue un grand changement. M. Blanquer connaît l'importance des humanités dans cette acquisition d'une culture générale. « C'est un enjeu de civilisation. Nous avons besoin de donner à nos enfants des racines et des ailes. » Les racines, celles que les précédents dirigeants se sont appliqués à éradiquer avec méthode, ce sont le latin et le grec. « Le latin et le grec sont la base de notre langue, donc de notre structure mentale. Les supprimer de notre enseignement revient à saper les fondations de notre maison. Je veux redonner une force à ces deux disciplines. » Et le nouveau ministre, pour compléter cette évidence, insiste en condamnant le procès en élitisme que de nombreux ministres, et particulièrement le dernier, ont intenté contre ces disciplines jugées archaïques, inutiles et inégalitaires, et en rappelant que, dans les quartiers difficiles, « c'est un formidable accès à la culture pour des enfants issus de milieux défavorisés ».

À la fin de cet entretien, M. Blanquer conclut par cette formule : « Le nouvel optimisme français passe par l'école. » Je veux y croire et souhaite qu'une nouvelle équipe vienne, au ministère, reléguer toutes les vieilles lunes pédagogistes au grenier des accessoires pour que l'on puisse redonner à tous les enfants les outils indispensables au partage d'une culture commune en fournissant les aides nécessaires à ceux qui en ont besoin pour réaliser, dans la diversité, une véritable égalité, seule voie possible pour conquérir une vraie liberté de penser et pour concrétiser la fraternité républicaine.

Pour tendre vers cet objectif et donner des ailes aux nouvelles générations, il faut leur rendre la connaissance solide de leurs racines. Le vieux proverbe latin « *Ad nova per vetera* » ne disait pas autre chose, c'est l'héritage de nos Anciens qui nous ouvrira la voie vers le futur.

Annexe :
Éléments de langage…

L'art de ne rien dire. Pour utiliser le tableau des deux pages suivantes, il suffit de prendre n'importe quelle case à la seule condition de suivre l'ordre des colonnes ABCD. Comme l'aurait dit Racine :

> « Il est en vos propos une certaine grâce
> Qui me charme toujours et jamais ne me lasse. »

A	B
Chers collègues,	le corpus des praxis obsolètes
N'oublions jamais que	l'analyse gestuelle dans sa globalité
Toutefois et cependant,	la transversalité des publics
In fine,	l'économie de l'existant
A fortiori,	l'émergence des atouts
La pratique et son évaluation montrent que	la gestion consensuelle des conflits
Signalons enfin que	le schéma stratégique et organisationnel
Comme nous l'indiquions dans la note du...,	le flux des pratiques et/ou praxis innovantes
Ainsi,	le déficit pédagogique croissant
Quoi qu'il en soit,	le dévouement sans faille du corps enseignant

C	D
nous vaut d'être fiers	de notre avenir radieux.
permet la création	d'un suivi de cohortes pertinent.
entrave l'appréciation de l'importance	de référents didactiques.
nous montre le chemin	d'un dysfonctionnement potentiel des structures.
nous contraint à l'étude prospective	d'une méthode pointue de communication.
implique la restructuration dynamique	du néant.
accomplit un rôle essentiel dans la réalisation	des groupes de projets.
passe par l'accroissement et le renforcement modulaire	d'un stock idiomatique approprié.
présente un essai intéressant de validation	des lendemains qui chantent.
garantit aujourd'hui et demain la grande qualité	de l'outil informatique.

Table des matières

Ce volume,
publié aux Éditions Les Belles Lettres,
a été achevé d'imprimer
en juillet 2017
sur les presses
de Présence Graphique
37260 Monts, France

Dépôt légal : août 2017
N° d'édition : 8621 - N° d'impression : 071758560